"30대, 세계를 무대로 나를 세워라!"

# TRAFFIC
—트 래 픽 디 자 이 너—
## DESIGNER

## 트래픽디자이너

"30대, 세계를 무대로 나를 세워라!"

초판 1쇄 인쇄 2013년 4월 24일 발행

| | |
|---|---|
| **지은이** | 이성수 |
| **펴낸이** | 김상욱 |
| **출판기획** | 이성진 |
| **편집장** | 강보미 |
| **디자인** | 신유정 |
| **홍보** | 황노을, 김나래 |
| **경영지원** | 고용만 |
| | |
| **펴낸곳** | (주)카멜월드와이드 |
| **출판신고** | 2013년 4월 2일 제2013-000066호 |
| **주소** | 서울특별시 서초구 사임당로 28, 5층 (서초동) |
| **전화** | 02-584-2013 |
| **팩스** | 02-519-1994 |
| **홈페이지** | www.camelww.com |
| **이메일** | alps@camelww.com |
| **ISBN** | 979-11-950233-0-1 03810 |

© 이성수 (저작권자와 맺은 특약에 따라 검인을 생략합니다)

이 책은 저작권법에 따라 보호받는 저작물이므로 무단전재와 무단복제를 금지하며,
이 책 내용의 전부 또는 일부를 이용하려면 반드시 저작권자와 (주)카멜월드와이드의 서면 동의를 받아야 합니다.
- 잘못된 책은 바꾸어 드립니다. -책값은 뒤표지에 있습니다.

카멜월드와이드(CAMELWORLDWIDE)는 독자 여러분의 책에 관한 아이디어와 원고 투고를 설레는
마음으로 기다리고 있습니다. 책으로 엮기를 원하는 아이디어가 있으신 분은 이메일 ALPS@CAMELWW.
COM으로 간단한 개요와 취지, 연락처 등 을 보내주세요. 머뭇거리지 말고 문을 두드리세요. 길이 열립니다.

"30대, 세계를 무대로 나를 세워라!"

# TRAFFIC
─트 래 픽 디 자 이 너─
# DESIGNER

저자 **이성수**

# PROLOUGE
◆

나는 최근 새로운 사업의 가능성을 베트남에서 찾고 있다. 중국에 이미 6개 지점을 운영하고 있지만 중국의 경제성장지수가 매년 두 자리 수로 상승하다보니 저임금 기반의 제조업이 중국에서 사라지고 있다. 공장이 사라지니 물류物流도 자연히 줄어들고 있는 것이다.

중국에 있던 공장을 그대로 옮길 수 있는 곳, 생산 공장을 새로 지어 제3국으로 수출하기 편리한 곳, 지정학적 위치와 임금 경쟁력, 그러한 조건을 갖춘 베트남이 지금 부상하고 있다. 베트남에는 중국과 한국, 일본과 대만의 자본들이 급속히 유입되고 있는데 여기에 미국과 유럽 자본이 오늘의 베트남을 주목하고 있다.

한편 내가 운영하는 (주)우영종합물류는 아직은 작은 회사지만 서비스 면에서 보면 세계적인 기업과 경쟁할 정도로 내실이 튼튼하다. 그래서 나는 '우영'의 식구들과 '우리는 트래픽디자이너Traffic Designer다'라는 마인드를 공유하고자 한다. 규모가 아닌 실력으로 세계 최고가 되고자 하는 것이다.

## '우리'라는 가치가 영웅을 이긴다

경영컨설턴트 서진영 박사가 쓴 『한 번 보면 이야기책 두 번 보면 경영학 책』에 보면 '우리'라는 가치로 움직이는 기업이 한 명의 영웅에 의해 이끌어지는 기업을 쉽게 이긴다는 법칙을 설명하고 있다. 그 사례로 팍스 로마나 Pax Romana를 들고 있는데 지중해를 내해內海로 삼고 유럽과 아시아, 아프리카 3대륙에 걸친 거대한 영토를 오랫동안 지배한 로마는 수많은 전쟁과 위기를 넘기면서 그 영광을 키워왔다.

그리고 그 중에서 가장 힘든 전쟁은 2차 포에니 전쟁이었다.

기원전 218년, 유명한 한니발 장군이 이끄는 카르타고군은 눈 덮인 알프스산맥을 넘어 이탈리아로 진격했다. 한니발은 마케도니아의 알렉산더 대왕과 비교될 정도로 시대를 대표하는 영웅이었다. 그는 불가능하다고 생각했던 알프스산맥을, 그것도 코끼리 부대를 이끌고 넘었고, 알렉산더 대왕을 벤치마킹하여 기마병을 보병과의 전투에 활용하는 기마전법을 도입했다.

하지만 15년간 계속된 카르타고군과 로마군의 전쟁은 로마군의 승리라는 예상외의 결과로 끝났다.
「로마인 이야기」의 저자 시오노 나나미는 한니발의 패인(敗因)을 그에게 능력 있는 부하 장수가 없었기 때문이라고 지적한다. 한니발 자신은 불세출의 영웅이었지만 그의 뒤를 이을 후계자를 키우지 못했던 것이다.
한니발 혼자서는 그 넓은 전선을 감당할 수 없었다.
반면 '우리' 라는 가치를 중요시한 로마군은 한니발이 이끄는 군대와의 전면전을 피하고 한니발의 부하 장수가 이끄는 군대와만 싸움을 함으로써 카르타고군을 격파할 수 있었다.

## 누구나 타고난 재능은 있다

누구나 타고난 재능은 있다.

하지만 그것이 나의 생계를 책임져 주는 기술이 되려면 반드시 훈련이라는 과정을 거쳐야 한다. 이렇게 훈련을 거치는 동안 우리가 가진 재능은 기술로 진화하여 우리의 꿈을 이루는 단단한 갑옷이 될 것이다. 더욱이 그 꿈이 '우리' 라는 가치까지 지향하고 있다면 꿈은 나의 꿈에서 우리의 꿈으로 거듭날 것이다.

사업 초기 입사해 오랜 시간 변치 않고 함께 근무해 준 '우영' 의 직원들, IMF 경제위기를 슬기롭게 넘기도록 도와준 유럽친구들, 늘 내게 힘을 주는 주위의 벗들, 세상에서 가장 위대한 지지와 성원을 보내준 가족, 그들에게 '내가 늘 당신과 함께 성장하고 있음에 고맙다' 는 말을 전한다.

2013년 봄  일산 호수공원을 바라보며
저자 이성수

# TRAFFIC DESIGNER 차례

|프|롤|로|그|

## PART1　30대, **인생의 승부수**를 던져라

| | |
|---|---|
| 하나의 문이 닫히면 하나의 문이 열린다 | 10 |
| 생각이 결국 나를 만든다 | 14 |
| 하늘은 스스로 돕는 자를 돕는다 | 18 |
| 고르디우스의 매듭을 끊어라 | 23 |
| 글로벌로 블루오션을 창조하라 | 27 |
| 위기는 오히려 기회를 불러 온다 | 33 |
| IMF, 삶과 죽음의 경계에 서다 | 38 |
| 위대한 일을 성취하는 것은 노력뿐이다 | 44 |
| Carpe Diem, 지금이라는 화두 | 50 |
| 생생하게 그린 미래는 현재를 견인한다 | 54 |
| 거짓말을 하려면 3년 이상 갈 거짓말을 하라 | 59 |

## PART2　나는 **트래픽 디자이너**다

| | |
|---|---|
| 내 꿈은 트래픽 디자이너다 | 66 |
| 우영의 약속에는 예외가 없습니다 | 71 |
| 전 세계 고객들이 우리를 기다리고 있어! | 75 |
| 원가에 약속비용을 넣어라 | 81 |
| 지켜야 할 가치는 팔아서는 안 된다 | 86 |
| 고객이 고객을 소개한다 | 91 |
| 버리고 내려놓는 사람만이 삶의 기회를 잡는다 | 95 |
| 사람이 기업 경쟁력의 핵심이다 | 99 |
| 현장에 답이 있다 | 104 |
| 같은 강에 두 번 몸을 담글 수 없다 | 109 |
| 기회의 땅, 베트남 | 114 |
| 물류가 준 또 하나의 선물, 여행 | 121 |

## PART3　트래픽 디자이너의 **삶**

신뢰, 믿음에서 시작한다　　　　　　　　　　　　　**126**
태어나려고 하는 자는 하나의 세계를 깨뜨린다　　　**131**
행복하기 때문에 웃는 것이 아니라 웃기 때문에 행복한 것이다　**135**
재단사는 가위질 한 번을 위해 수십 번 자를 댄다　　**139**
배움을 이루는 것은 재미가 있다　　　　　　　　　**144**
땀방울은 한 모금 물의 소중함을 가르친다　　　　　**148**
수평적 리더십은 새로운 가능성이다　　　　　　　　**152**
마음의 힘을 구성하는 비밀　　　　　　　　　　　　**157**
신뢰는 기업 평판의 주춧돌이다　　　　　　　　　　**162**
공정사회가 우리의 미래를 연다　　　　　　　　　　**167**


## PART4　30대, 습관을 바꾸면 **인생이 바뀐다**

스스로 정한 약속에 가장 엄격해야 한다　　　　　　**176**
후회 없는 삶은 매순간을 알뜰히 태우는 것이다　　　**181**
다시 시작하려면 약속을 지켜라　　　　　　　　　　**185**
멀리 가려거든 함께 가라　　　　　　　　　　　　　**189**
꿈은 우리에게 경제적 자유를 선물한다　　　　　　　**194**
누군가를 위해 나무를 심어라　　　　　　　　　　　**198**
칭찬은 고래도 춤추게 한다　　　　　　　　　　　　**203**
행운은 계획과 기회가 만나는 시점이다　　　　　　　**208**
어린 시절 우리는 멋진 꿈을 꾸었다　　　　　　　　**212**

# PART 1 ◆

# 30대,

누구든지 타고난 본능에만 충실한다면
나에게 어떠한 재능이 있는지
내가 어떠한 선물을 지니고 있는지
무엇에 끌려 열정을 품고 있고
어디로부터 힘이 솟아나는지
내가 진정 누구이고 무엇을 간절히 바라는지
숨김없고 남김없이 완전하게 발견할 수 있습니다
그렇게 발견한 올바른 길이 이끄는 대로
자유롭게 흘러가보면
그동안 어렵게만 느껴졌던 위대한 진리들이
아주 명확하고 분명한 것임을 깨닫게 될 것입니다
우리에게 기쁨을 안겨다 줄 위대한 삶의 비밀은
바로 우리 곁에 있습니다

- 스튜어트 에이버리 골드

**CHAPTER1**

# 하나의 문이 닫히면
# 하나의 문이 열린다

**Tennessee Williams**
갈 데가 없어도
떠나지 않으면 안 될 때가 있다.

집권을 위해 자신들의 과거를 감추고 미화한, 그리고 그 정권을 오랫동안 유지하기 위해 반정부인사와 시민을 탄압한 군부독재 정권 시절, 최루탄 연기가 캠퍼스를 뒤덮고 사복경찰이 교정에 상주하던 엄혹한 시절을 지나 유월항쟁의 함성이 세상을 뒤덮던 1987년, 나는 대학을 졸업했다.

지금이야 삼성전자와 같은 글로벌 기업이 대학생들의 입사 선호대상 일순위이지만 당시는 증권사에 취직하는 것이 우리 모두의 선망이었다.

나도 졸업 전 당시 럭키증권 입사시험에 합격한 뒤, 들뜬 마음으로 출근날짜를 기다리고 있었다.

그러기를 며칠.

학수고대鶴首苦待하며 출근 날짜를 기다리던 나는 문득 무엇인가 잘못된 것이 아닌가하는 직감에 럭키증권 인사부로 전화를 걸었다.

"저, 성균관대학교 영문과 이성수인데요. 아직 출근통지를 받지 못해서요."

"아, 이성수씨 주소지로 전보를 보냈습니다. 그런데 이성수씨는 연락이 없어 입사가 취소되었습니다."

"네?"

지금처럼 휴대전화가 있는 것도 아닌데다가, 당시 나처럼 시골에서 올라온 사람들은 오늘은 이 집에서 자고, 내일은 또 저 집에서 먹는 떠돌이 생활을 하다 보니 입사지원을 했던 당시의 주소와 출근통보를 받을 시점의 주소가 달랐던 것이다.

여의도 증권가로 출근해 밋진 정장을 입고, 자본거래의 첨병이 되어 세계경제를 쥐락펴락하는 내 모습을 상상해 왔던지라 요즘 아이들 말로 소위 "헐~"하는 소리가 입에서 쏟아져 나왔다.

부랴부랴 전에 살던 하숙집을 찾아가 주인 아주머니와 얘기도 나눠보고, 럭키증권 인사과를 직접 찾아가 하소연도 해보았지만 11월말 그룹 공채시험에 응시해 합격하면 기회를 주겠다, 는 답변을 들을 뿐이었다.

주변에서 미리 취직 축하인사도 받고, 증권맨으로서 미래도 머릿속에 그려온지라 실망이 이만저만이 아니었다. 하지만 "에이, 공채 한 번 더 치면 되는데……."하는 생각으로 11월 공채시험에 응시했다.

그런데 막상 그룹공채에 합격한 뒤 내가 배치된 곳은 증권회사가 아니라 전자회사인 금성사였다. 막상 발령을 받고 보니 그동안 증권회사에서의 생활을 꿈꿔왔던지라 다른 계열사에서 일하고 싶다는 생각은 전혀 들지 않았다.

그리고 무엇보다 진정으로 내가 원하는 길이 무엇인지를 무척이나 진지하게 고민하기 시작했다.

고민에 고민을 거듭하는 시간이 며칠 지났다. 안정적으로 대기업에 입사해 남들처럼 평안한 삶을 사느냐? 아니면 글로벌, 세계, 나의 능력 발휘, 성장가능성, 미래지향 등등 그동안 내가 화두로 삼고 있던 키워드를 반영해 줄 수 있는 직업을 처음부터 다시 찾아 헤맬 것인가?

당시로는 '죽느냐, 사느냐? 이것이 문제로다.' 라고 혼자 되뇌던 햄릿의 고민만큼 나에게는 진지한 시간이었다.

그러다, 글로벌, 세계, 나의 능력발휘, 성장가능성, 미래지향 등등 내 삶의 화두를 실현해 줄 꿈의 그라운드는 바로 '글로벌 물류(物流)'라는 깨달음과 확신을 가질 수 있게 되었다.

이 일은 내 삶의 새로운 계기와 전환점이 되었다.

종합물류라는 개념조차 생소했던 당시, 나는 대기업 입사를 마다하고 중소기업이지만 물류를 배울 수 있는 회사에서 새로운 도전을 시작하게 된 것이다.

이렇게 시작된 물류인의 삶은 내 삶의 새옹지마塞翁之馬가 되었다. 만일 그때의 터닝 포인트가 없었다면 증권회사에 입사해 여의도에서 숫자와의 전쟁으로 지금까지 인생을 보냈을 수도 있었을 것이다.

하지만 1987년부터 1989년까지 활황이었던 증시가 그 후 몇 차례 깡통계좌를 만들어 내면서 수많은 투자자들의 재산을 탕진하고, 그 여파로 많은 증권인들이 직장을 그만둔 것을 상기하면 그날 전보를 받지 못한 것은 어쩌면 다행이고, 나아가 운명일지도 모른다는 생각을 하게 된다.

### 스스로에게 먼저 길을 물어보아야 한다

스스로 정한 방향대로 삶의 길이 진행되지 않더라도 실망하거나 좌절하지 않고 새로운 도전에 나선다면 새로운 길이 어쩌면 우리에게 더 큰 기회를 가져다줄지도 모른다.

많은 사람들이 인생의 길을 찾는데 시간을 보내지만 언제나 정답은 나의 내면에 숨어있다. 그러므로 인생에서 더 이상 길이 보이지 않는다는 생각이 든다면 오히려 스스로의 내면에서 들려오는 작은 소리에 먼저 귀 기울여야 한다.

자신이 걸어가야 할 길은 스스로에게 먼저 물어야 한다.

이것이 인생의 법칙이다.

사람들은 흔히 절망에 빠지면 아무리 노력해도 길을 찾을 수 없다고 말하지만 정말로 길이 없는 것은 아니다. 우리 스스로가 길이 없다고 난정 짓고 생각하니 내 안에서 길을 열 수 없을 뿐이다.

시각과 청각장애가 있으면서도 미국을 넘어 세계적인 교육자가 된 헬렌 켈러 Helen Keller는 우리 앞에 놓인 인생의 문門에 대해 이렇게 말한다.

'하나의 문이 닫히면 다른 하나의 문이 열리게 마련이다. 하지만 우리는 너무도 자주 후회 속에서, 오래도록 닫힌 문을 쳐다보며 아쉬워한다. 우리 앞에 또 하나의 문이 열려져 있는 것도 알지 못한 채……'

**CHAPTER 2**

# 생각이
# 결국 나를 만든다

Peter Drucker

꿈은 혼자 꾸면 꿈이지만 함께 꾸면 현실이 된다.
미래는 그것이 있다고 믿는 자에게 다가온다.

　　　　　　생각이 결국 나를 만든다. 밝고 자신감 있는 최고의
모습으로 살고 있는 스스로를 머릿속에 늘 상상하다 보면 어느덧 현실
에서 정말로 그렇게 살고 있는 자신을 발견하게 된다.
　우리가 진정 행복을 느낄 때는 남의 기대에 따라 남이 좋아하는 일을
하는 순간이 아니라 오롯이 나를 위해 내가 좋아하는 일을 하는 경우다.
자신이 사랑하는 일, 열정을 품고 있는 일을 꾸준히 하다 보면 그것은
어느 순간 일이 아니라 내 삶의 목표이자 내가 살아가는 이유가 된다.
　물류인의 삶을 시작하면서 나는 디에이치엘 DHL, 페덱스 Fedex, 쉥커
Shenker와 같이 세계적인 종합물류회사를 대한민국에 세우겠다는 꿈을 꾸

었다. 그저 물류 일을 하면서 먹고 살겠다는 생각을 한 것이 아니라 세계적인 물류기업을 만들겠다는 생각을 처음부터 했다는 것. 20년 사업을 해온 지금 와서 돌아보면 그러한 결심이 내 꿈의 가장 큰 원동력과 추진력이 되어주었다.

영문과를 졸업한 덕에 처음부터 영어나 외국문화를 접하는 데는 특별한 거부감이 없었다. 하지만 물류 분야의 업종문화와 실무기술, 나라별 법과 제도의 차이를 공부하는 데는 많은 노력이 필요했다. 특히 기업경영에 필요한 조직과 인사, 영업방법 등 제반사항도 언젠가 내 회사를 하겠다고 처음부터 결심한 나의 눈에는 귀찮고 번거로운 일이 아니라 내 눈을 반짝반짝하게 만드는 호기심과 흥미의 대상이었다.

하지만 직장인으로서 물류에 종사한 기간은 생각보다 무척 짧았다. 당시 내가 다니던 회사가 정치적 이유로 흑자도산을 하게 되었는데, 당시 가장 큰 규모를 자랑하던 곳인지라 다른 회사에 취업을 하기보다는 깊이 일하던 사람들끼리 창업을 해보자는 방향으로 결론이 났다.

그리고 29살 어린 나이에 월급을 받던 상황에서 월급을 줘야하는 입장으로 바뀐 내 인생은 지금까지 25년이 넘게 이어지고 있다.

### 사업의 기본기를 익히는 것이 중요하다

그런데 동업으로 시작한 사업은 늘 갈등과 어려움을 동반했다. 서로의 업무습관, 생활 스타일, 세계관이 다른 사람들끼리 뭉치다보니 한 번에 합의되는 것보다 갈등을 동반하는 순간이 많았다. 하지만 나는 사업의 기본기를 익힌다는 생각에 5년이란 시간동안 묵묵히 일벌레가 되었다.

내가 가져가는 배당이나 수익보다는 내가 하고 있는 일에 대한 능력을 키우는 것이 급선무라고 생각했다. 그리고 안정적이고 고정적인 수익을 창출할 수 있는 일을 찾아 매일 아침 제일 먼저 출근하고, 제일 늦게 퇴근하는 외로운 시간을 참고 견뎠다.

그리고 동업을 시작한지 만 5년이 되던 해, 1994년 (주)우영종합물류 宇榮綜合物流라는 새로운 간판을 내걸고 홀로서기를 시작했다. '우영종합물류' 라는 이름은 친구가 지어준 이름인데, 창업 후 몇 년 뒤 이 '우영' 이라는 이름을 지키기 위해 나와 우리 직원들이 했던 노력과 인고의 시간을 생각하면 지금도 눈시울이 멍멍해지는 기분이 들 때가 있다.

### 이름의 중요성

한편 사업초기에는 워낙 내 나이가 어렸기 때문에 사장이란 명함을 사용하지 않고 부장이나 이사 직함의 명함을 사용했다. 그래도 별로 의식하는 사람들이 없었다. 가끔은 거래처에서 "사장님 얼굴 한 번 봅시다." 라고 말을 건네올 때도 있었다. 그러면 "현재 해외 출장 중입니다. 그냥 저랑 얘기하시죠." 하며 웃어 넘겼다. 나중에 우리 회사에서 발행한 세금계산서를 받고나서는 "세금계산서 이름이 이부장이랑 같네요."하며 웃기도 했다. 역으로 우리 회사에서 발주를 주는 선사船社 등에서는 나에게 "도대체 사장님은 어디 계세요? 사장님 한 번도 못 봤는데." 하기도 했다.

지금도 연말이나 명절이 오면 '저희 회사는 선물을 주고받지 않습니다.' 라고 정중히 편지를 보낸다. "사과 몇 박스인데 뭘 그러냐?" 고 반문하는 분들도 있다. 그러면 나는 "그 돈으로 우리 회사 일반 관리비를 절감해 고객사의 비용을 낮추고 싶습니다. 이해해 주십시오." 라고 말을 받는다.

처음에는 이상하게 생각하던 분들도 그렇게 대응한지 몇 년이 지나자 차츰 내 진심을 알아주고 오히려 더 큰 신뢰를 주기도 했다.

이처럼 어렸을 때부터 지금까지 내가 중요하게 생각해 온 것 중의 하나는 '이름의 소중함' 이다. '호랑이는 죽어 가죽을 남기고 사람은 죽어 이름을 남긴다.' 는 말처럼 이름은 비즈니스에서 어쩌면 가장 소중한 것이다.

많은 사람들이 사업을 하면서 회사 이름을 잘 바꾼다. 어떤 경우는 다른 사람을 대표자 명의로 세워 사업을 한다. 오늘은 흥했다 내일은 망하는 기복이 심한 회사도 많다. 그런 구조이다 보니 YS 정부 때 금융 실명제가 도입이 되었겠지만, 당연히 차명으로 살아가는 사람들도 많다.

하지만 김춘수 시인도 말하지 않았던가? "내가 그의 이름을 불러 주기 전에는 그는 다만 하나의 몸짓에 지나지 않았다. 내가 그의 이름을 불러 주었을 때 그는 나에게로 와서 꽃이 되었다." 고.

# CHAPTER3

# 하늘은 스스로 돕는 자를 돕는다

**엄홍길**

큰 성공 뒤에는 쓰라린 실패가 있다.
돌가루 하나가 집중력을 흐뜨릴 수 있다.

    내가 처음 물류를 접했던 1987년에는 물류업계에도 후진국형 비즈니스 관행이 존재했다. 즉, 화물을 실을 때 70퍼센트는 정해진 화물을 싣고, 나머지 30퍼센트는 신고하지 않은 다른 물건을 싣는 것이다.
    그 당시는 순간의 사소한 이익을 위해 남을 속이는 문화가 별다른 저항감 없이 사회적으로 용인되던 풍토였다. 하지만 좀 더 냉정히 말하자면 그것은 엄연히 밀수다.
    밀수라는 것은 내가 신고한 것과 다른 것을 수출하거나 수입하는 것이다. 우리가 영화에서 보는 것처럼 금괴를 몰래 가져온다거나 귀중품을 몰래 숨겨오는 것만 밀수가 아니라 양주 한 병을 구매했다고 신고를 한 다음, 양주 세병을 몰래 숨겨서 들여온다면 그것이 밀수인 것이다.

나는 초창기부터 그런 관행에 저항하면서 원칙을 지키려 노력했는데 어떤 고객은 이런 나를 고리타분하다고 하면서 손사레를 치기도 했다. 하지만 차츰 세월이 지나면서 '우영'을 통해서 들어오는 물품은 믿을 수 있다는 평가를 세관에서 먼저 받게 되었다.

차츰 신용이 쌓이면서 고객들도 안정감 있게 일하는 '우영'을 선호하게 되었다. 그리고 이것은 우리 회사의 가장 큰 경쟁력으로 발전했다.

내가 물류를 처음 시작하면서 겪었던 또 다른 관행은 영업에 대한 리베이트 전달이었다. 그런데 리베이트가 원가에 산입되면 그만큼 서비스의 질이 떨어진다. 그리고 이러한 피해는 고스란히 고객에게로 돌아간다.

이처럼 리베이트를 줘야 거래가 성사되고 영업이 활성화되는 물류업계의 관행. 나는 어렵지만 그것을 부정하고 나아가 깨고 싶었다. 하지만 영업이익이 덜 생겨도 바른길을 걷고자 하는 것이 말처럼 그리 쉽지는 않았다.


### 원칙을 지키는 것은 자신과의 싸움이다

내가 영업을 처음 시작하던 시절에는 신용사회라는 단어 자체가 생소하던 시기였다. 그래서 나처럼 원칙을 지키려는 사람들이 오히려 많은 피해를 보았다. 그리고 사회 전반적으로 신용이 가져다주는 의미자체도 몰랐다.

신용은 누구와 무슨 약속을 하면 무조건 지켜야 한다는 어쩌면 상식적인 것을 의미한다. 그런데 이렇게 간단한 원칙을 사람들은 잘 모른다. 나아가 자신과의 약속에는 관대하고, 다른 사람의 약속이행에는 엄격하다. 하지만 자신과의 약속을 잘 지키는 사람이 결국 다른 사람과의 약속도 잘 지킨다.

　이번에 출범하는 새 정부도 공정사회와 경제민주화를 국정의 화두로 삼는다니 기대해 볼 노릇이다. 앞으로 공정사회가 형성되면 바보처럼 원칙만을 지켜왔던 나 같은 사람이 오히려 대접받고, 우리 회사도 비상할 수 있을 것이란 기대도 가져본다.

　신용사회가 발달한 미국과 유럽의 경우 다른 회사로 이직을 하려면 前 직장 상사에게 추천서를 받아와야 한다. 여기에는 신용사회가 특별한 것이 아니라 가까운 사람들과 사소한 약속을 잘 지키는 것이라는 메시지가 담겨있다.

　앞으로 신용사회가 도래하면 사업에 있어 신용을 지키는 것이 가장 큰 장점이 될 것이다. 다른 사람들과의 약속을 지키는 신용, 그것이 미래 비즈니스의 가장 큰 경쟁력이 될 것이다.

　원칙을 지킨다는 것은 다른 사람의 시선과의 싸움이라기보다 자신과의 싸움이다. 사업을 시작하고 회사를 경영해 오면서 내가 부딪힌 싸움도 결국 나 자신과의 싸움이었다. 그것은 때론 상식과 관행이라고 말하는 기존의 틀과의 싸움이 되기도 했지만 늘 가장 큰 싸움은 한계상황을 극복해야 하는, 끝나지 않는 나와의 싸움이었다.

　그럴 때 나의 가장 큰 편이 되어준 것은 '하늘은 스스로 돕는 자를 돕는다.' 라는 신념이다. 그것이 오늘의 '우영'을 만들었다.

　논어에 나오는 勤爲無價之寶 愼是護身之符 근위무가지보 신시호신지부 "근면勤勉은 값어치로 따질 수 없는 보배며, 근신謹愼은 몸을 보호하는 부적과 같다" 라는 격언도 같은 맥락이다. 이 말은 신입사원 시절 영업을 할 때나 독립해서 회사를 운영하는 지금도 늘 마음에 담아두는 문구다. 이 글은 동교동 사무실 벽면에 족자로 걸려있는데 중국 출장 중 얼큰한 술기운을 빌려 중국 친구에게 냅킨에 글을 적어주었더니 그가 족자로 만들어 선물로 보내온 것이다.

## 새로운 출발, 매뉴얼 경영

사업초기 내가 집중했던 것 중 하나가 바로 매뉴얼 경영이다. 나는 '우영'이 세계적인 물류회사로 발돋움하기 위해서 '우영종합물류 업무매뉴얼'을 만드는 것이 급선무라는 생각을 했다. 당시 개인의 직감과 경험에 의존해 일을 처리하는 방식이 한국 물류기업의 전형이었다면 유럽의 회사들은 이미 철저한 업무 매뉴얼에 의해 일을 처리했던 것이다.

컴퓨터로 업무를 처리하던 시절이 아니었기에 나는 매일매일 한 장 한 장 손으로 써가며 '우영'만의 매뉴얼로 완성해 나갔다. 매뉴얼이 완성되어 갈수록 '우영의 약속에는 예외가 없습니다.'는 사훈도 더욱 든든하게 지켜질 수 있었다.

하지만 지나친 매뉴얼은 어떤 경우 의사결정의 속도를 늦추고 조직을 형식주의로 몰고 가는 폐단을 낳기도 한다. 영국의 기업경영 저술가 스튜어트 크레이너가 쓴 『75가지 위대한 결정』에 보면 매뉴얼을 작성할 때 주의할 점이 잘 표현되어 있다.

한창 번성할 때 잉카제국은 지금의 페루, 에콰도르, 칠레, 볼리비아, 아르헨티나에 이르는 방대한 지역의 600만 명에 가까운 사람들을 지배했다. 그들은 각기 다른 언어와 수많은 방언을 사용했다. 잉카제국의 통치자는 그들의 제국과 멀리 떨어져 있는 부속령(附屬領)을 어떻게 통치해야 할지 늘 골치가 아팠다.

잉카제국은 규격화된 경영방식을 사용했는데 그들의 시스템은 10단

위에 기초하였고, 이것은 오늘날 십진법의 기원이 되었다. 잉카인들은 영토를 효율적으로 활용하기 위해 잉카의 수도인 쿠스코를 중심으로 땅을 4등분했다.

하지만 새로운 문제가 발생했다. 잉카인들은 분쟁지역에 군대를 신속하게 이동시키고, 화물을 운송할 수 있는 도로망을 구축했는데 그들이 구축한 도로망은 2만 3,000km에 이르렀을 정도로 대규모였다. 도로망 중간에 중간역과 행정관서 등도 만들어야 했으며, 여기에 소식을 전달하기 위한 연락병들도 대규모로 필요했다.

결국 잉카제국은 100년 밖에 지속되지 못했다. 매뉴얼이 너무 많은 내용을 담고 있어 문제에 접근하는 속도를 늦추는 부작용을 낳게 된다면 아무리 좋은 시스템이나 해결방안이 있더라도 오히려 혼란을 야기한다는 교훈을 주는 사례다.

**CHAPTER4**

# 고르디우스의
# 매듭을 끊어라

David Packard
좋은 사람을 만나는 것은 신이 내리는 선물이다.
그런 사람과의 관계를 지속하지 않는 것은
신의 선물을 내팽개치는 것이다.

버드 경영대학원의 데이비드 퍼킨스 David Perkins 는 「달팽이는 어떻게 고정관념의 틀을 깼을까?」에서 문제를 해결하기 위해서 때론 문제의 중심에서 벗어나야 한다는 충고를 한다.

그는 알렉산더 대왕과 고르디우스의 매듭 이야기를 예로 들어 규칙을 바꿈으로써 틀에 박힌 해답을 탈피하는 방법을 말하는데 그 일화를 간단히 소개하자면 다음과 같다.

그리스 신화에서, 문제의 매듭은 프리기아의 왕 고르디우스가 묶었다. 그리고 누구든 그 매듭을 푸는 사람은 아시아를 지배하게 될 것이라는 신탁이 내려졌다. 이때 알렉산더는 신탁의 주인공이 자신임을 깨달았지만 그 매듭은 너무나 까다로워 열정을 가지고 도전했던 사람들도 모두 포기한 상태였다. 누구도 실마리를 풀지 못한 상황에서 알렉산더는 자신의 검으로 매듭을 내려치고는 문제를 해결했다.

내가 '우영'의 이름으로 회사가 출범하고 얼마 지나지 않아 고르디우스의 매듭처럼 실마리를 풀지 못한 고민이 생겼는데 거래처로부터 어마어마한 물량을 계약했지만 우리업종의 특성상, 우리가 먼저 선사 VOCC: Vessel Operating Common Carrier 나 내륙 운송사에게 운임을 지불한 후, 나중에 거래처에게 수금하는 구조가 문제였다. 한 마디로 우리 회사의 자금 동원력으로 감당하기엔 너무나 큰 물량이었다.

처음에는 은행여신, 개인자산, 친구와 친지 등 내가 가지고 있는 것으로만 문제를 해결하려고 했다. 하지만 그러기에는 너무나 큰 액수의 신용을 요구하는 것이었다. 해상 운송료만도 약 1,200만 불 약 144억 원이었기 때문에 나는 어떤 일이 있어도 해답을 찾아야 했다.

국내에서는 방법이 없었다.

하지만 유럽에는 나와 몇 년 동안 거래를 지속해온 많은 친구들이 있었다. 나는 즉시 독일과 이태리, 스웨덴에 있는 친구들과 국제전화를 계속했다. 그리고 그 사업의 비전과 성과에 대해 열심히 설명에 설명을 거듭했다. 그러기를 며칠, 전체물량의 2/3을 처리해야 하는 독일의 파트너가 해상운임 선적지인 독일에서 미리 운임을 지불하겠다는 팩스를 보내온 것이다.

친구의 팩스에는 "비 오는 날 같이 우산을 쓰고 가다가 게르트 비제 Gerd Wiese, 즉 자신을 홀로 우산 밖으로 내 쫓지 말아 달라"는 메시지가 적혀 있었다. 그리고 나는 이 건을 계기로 '우영'의 기틀을 마련할 수 있었다.

이처럼 사업초기에는 그동안 쌓아온 신뢰를 바탕으로 유럽인 친구들이 많은 도움을 주었다. 큰 밑천 없이, 전 직장 동료 7명과 기개 하나로 뭉쳐 사업을 시작한 나는 일이 없어도, 일이 많아도 늘 걱정이었다. 하지만 다행히 그동안 신뢰를 쌓아왔던 많은 거래처들이 새로운 회사, '우영'에 상상을 초월하는 일감을 밀어주었다.

### 물류는 늘 우리 삶의 곁에 있어왔다

지금 생각해 보면 유럽의 물류문화가 우리보다 발달한 이유는 역사적 이유가 크다. 유럽은 국경을 인접해 많은 국가들이 형성되어 있어 오래 전부터 무역이 발달했고, 산업혁명 이후 유럽 기업들이 생산한 물건들을 전 세계로 수출하기 시작한 것도 물류문화 발달을 촉진했다.

우리나라도 통일신라 해상 왕으로 유명한 장보고張保皐와 같은 시계기 있긴 하다. 장보고는 일본과 중국, 통일신라를 오가며 동북아 해상무역을 전개했는데 해적으로부터 상단商團을 지켜주는 일종의 부가서비스를 제공함으로써 서비스의 차별화를 이뤘다.

한편 물류회사는 옛날부터 고유한 역할이 있었다. 초창기에는 통역과 국경을 넘을 때의 통관 대행, 그리고 앞서 말한 장보고의 예처럼 도적들로부터 상단을 보호하는 기능을 했다. 보통 영화에서 보면 동서양 할 것 없이 상단이 무리를 이뤄 이동하면 이들을 지키는 호위무사가 함께 동행한다. 초창기 물류회사는 이런 역할도 했다.

차츰 시간이 지나면서 과거 총·칼로 상단을 지켰던 물류회사는 오늘날 국가간 법과 제도의 차이, 물류 시스템이라는 노하우로 무역회사를 지킨다.

재미있는 것은 역사적 사실을 고찰考察해 보면 앞으로 무역구조는 더 단순해질 것이라는 전망을 하게 된다. 세계화世界化, Globalization의 영향으로 언어와 제도가 하나로 통일되고, FTA 체결국간에는 관세도 없이 물건을 주고받게 되니 무역이란 것이 앞으로 얼마나 더 활발해지겠는가? 물류는 분명 미래 성장 사업이다.

CHAPTER5

# 글로벌로
# 블루오션을 창조하라

Andrew Wood

새로운 사람을 만나고 그들과 이야기를 나누는 것은
새로운 기회를 발견하는 열쇠이다.

　　　　　지금은 일 년에 열 번도 넘게 해외를 드나들어 신기한 것이 없지만 처음 외국에 나갔던 기억은 한마디로 충격 그 자체였다. 1989년 첫 출장지는 독일 프랑크푸르트, 함부르크 그리고 이탈리아 밀라노였는데 프랑크푸르트 공항에 내려선 순간, 그동안 크게만 여겼던 김포공항이 유럽의 공항에 비해 너무 작아 초라하다는 생각마저 들었다.

　그 동안 한 번도 해외 경험이 없는 나는 모든 것이 낯설고 불편했다. 내가 아는 브랜드라고는 고작 항공사 이름 외에 아무것도 없었다. 당시 수출대체산업화 구조를 가졌던 대한민국은 해외에 대한 정보를 통제하고, 해외제품도 높은 관세로 진입장벽을 세우고 있었기 때문에 더욱 그러했다.

　깨끗이 잘 정돈된 도로와 그 위를 질주하는 차량들. 가는 곳마다 한 번도 먹어보지 못한 음식과 각종 음료수들이 낯선 이국의 정취를 더했다.

　같은 해 11월 경. 나는 다시 미국행 비행기에 몸을 실었다. 새로 만든 회사가 해외 파트너 망을 구축하기 위해서는 당시 통신수단으로 사용했던 텔렉스로 교신하는 것보다는 '직접 보고 배워야한다'는 생각을 한 터였다. 그러한 생각을 굳히게 된 계기는 지난번 유럽 출장 때였다.

　미국 출장은 LA, 시카고Chicago, 휴스톤Huston, 마이애미Miami 그리고 뉴욕New york을 거쳐 다녀오는 힘든 일정이었다. 가는 곳마다 차를 렌트Rent 했는데 빌리는 곳과 반납하는 장소가 달라도 된다는 사실에 무척 놀랐다. 물론, 지금은 이런 서비스가 한국에서도 실현되고 있다.

　뉴욕에서 저녁 식사 후 해외 에이전트가 나를 안내한 곳은 어느 카페였다. 물론 그 역시 나로서는 한 번도 경험해 보지 못한 공간이었다.

　들어가자마자 서로가 어울리지 않는 악기들의 리듬에 혼란스러웠고, 담배 연기가 자욱한 속에서 사람들이 삼삼오오 맥주병을 손에 들고 즐겁게 이야기를 나누고 있었다. 아는 음악이라고는 조용필과 송창식의 노래와 팝송 몇 곡만이 전부였던 나에게는 무척 충격적인 장면이었다.

　하지만 1시간 정도가 지나자, 술기운 때문인지 점점 마음이 편안해졌다. 뉴욕에서 처음 간 재즈 바, 지금은 한국에서도 흔한 그곳이 나에게는 신선한 문화적 충격이었다.

　아는 만큼 보인다는 유홍준 교수의 말처럼 외국을 다니다 보면 우리가 같은 단어를 사용하면서도 다른 의미로 해석하는 경우를 자주 만나게 된다. 스웨덴 궤텐베르그Göthenberg 공항에서 시내로 이동하는 도로에 긴 팬스가 설치되어 있는데, 내가 현지인에게 "아니 왜 도로에 팬스를 설치

했습니까?"라고 물었더니 "사슴" 때문이라고 했다. 우리가 상상하는 사슴은 나약한 동물이라고 생각했는데, 스웨덴에서 말하는 사슴은 엘크사슴 Elk이다. 엘크는 몸무게가 약 400kg에 달하는 육중한 동물인데 이들이 갑자기 도로로 뛰어들면 자동차가 전파되기 때문에 안전을 위해 펜스를 설치했다는 것이다. 우리가 익히 알고 있는 썰매를 끄는 루돌프 사슴이 바로 엘크다.

### 문화의 차이를 이해하면 세계와 소통할 수 있다

한편 소위 선진국이란 곳에서 한국을 방문한 내 손님들에게도 반대로 당시 한국문화에 적응하기 어려웠다는 얘기를 듣게 되었다.

그들이 보기에 한국에서는 도로의 차량들이 부질서하게 운행하고 있었고, 사무실 내에서는 물론이고 심지어 버스 안, 식당 안에서도 흡연이 가능한 분위기에 놀라움을 느꼈다고 한다. 더불어 한국 내에서는 일식과 중식 외에는 해외 음식점을 아예 찾기 힘들다는 점과 특히 회사안팎에서 여직원들을 함부로 대하는 한국 사람들의 언행에 매우 놀라는 눈치였다.

어려서부터 어머니께 교육을 받아서 나 역시 여직원들에게 무례한 언행을 하는 사람들이 이해가 안 되었다. 우리 어머니께서는 집안에 여자가 귀하고, 곧 여권 신장의 시대가 올 것이니 나와 남동생에게도 남존여비 사상을 버리고 방 청소, 김장, 설거지, 빨래 등 가사노동 재생산노동에 앞장설 것을 일찍이 강조하셨다.

이런 가르침은 내 두 아들에게도 이어져 우리 집안에서 가사노동에 불만을 제기하는 남자는 없다는 점이 큰 다행이다.

그 후로도 나는 매년 10여 차례 이상 유럽과 미주, 아시아 다수 국가로 출장을 다녔고, 해외에서 온 손님을 맞이하면서 그들과 내가 한국과 해외에서 처음 가졌던 불편함이 차츰 줄고 있다는 사실을 알게 되었다. 아마도 그것은 우리의 국민소득이 15,000달러를 넘어서는 순간부터라고 생각된다. 즉, 도로 번호가 짝수이면 동서횡단, 홀수면 남북 종단이 적용되는 도로 문화라던가 이태리, 인도, 태국 등 다양한 외국 음식을 자유로이 즐길 수 있는 음식 문화, 버스전용차선 제도와 플라스틱 머니, 앞으로 타고 뒤로 내리는 버스 문화, 해외 유수 브랜드 상품들을 우리나라에서도 쉽게 찾을 수 있다는 것을 알게 되었다.

그들도 자기나라에서 우리나라의 음악, 영화, 패션과 음식을 쉽게 접할 수 있다고 하며, 심지어 자기들이 타는 차들이 한국 브랜드라고 말하곤 한다.

이제는 우리가 해외 어느 곳을 가더라도 먹고 마시고 입는 것, 그리고 일상생활까지도 낯선 것이 아니고, 너무나 친숙한 것들이기에 불편함이 없다.

하지만 우리가 이주민을 대하는 문화면에서는 아직 갈 길이 먼 듯하다. 나는 국내에 5개 지점, 중국에 6개 지점, 베트남에 1개 지점을 운영하고 있는데 3개국의 직원들을 교환 근무로 순환시키고 있어, 영어만으로는 의사소통이 부족해 요즘 중국어를 배우고 있다.

중국어 선생님은 하남성 출신으로 한국 남편과 결혼해 한국에서 4년째 살고 있는 분인데 개인지도뿐 아니라, 초등학교에서도 중국어와 중국문화를 가르치고 있다. 다른 이주민들에 비해 경제 형편이 양호함에도 불구하고, 양국의 상이한 문화로 인해 시댁과의 갈등도 있고, 한국 사람들의 차별적인 시각 때문에 한국이 싫어져 중국으로 돌아가고 싶다는 말을 어렵게 꺼내기도 했다.

아직 우리나라에 그와 같은 이주민들이 너무 많다는 사실을 세삼 알게 되니, 이주민에 대해 배타적인 문화는 아직도 많이 개선되어야 한다는 생각이 든다.

## 글로벌로 블루오션을 창조하라

미개척 상태로 남아있는 도전할만한 시장, 그것을 보통 블루오션 Blue Ocean이라 부른다. 이미 공급이 포화상태이거나 경쟁이 가열된 시장, 레드오션 Red Ocean에 대응되는 말로 처음 발견한 신대륙같이 블루오션은 비즈니스에 있어 큰 기회를 제공한다.

얼핏 보면 블루오션이 첨단기술 분야에 국한될 것 같지만 내 경험으로 보면 꼭 그런 것만은 아니다. 그런 의미에서 글로벌 Global이란 단어 자체도 하나의 블루오션이다. 글로벌이라는 말은 해석에 따라 다양한 의미를 내포하지만 '세계적인'이란 뜻을 가진 단어다. 내가 글로벌을 얘기하는 것은 우리가 인지하든 아니든 상관없이 우리는 이미 글로벌 세상에 살고 있다는 말을 하고 싶어서다.

내가 글로벌이라는 단어에서 주목하는 것은 바로 공간과 공간의 차이가 가져다주는 기회 때문이다. 나 역시 전 세계 여러 나라와 비즈니스를 펼치면서 공간과 공간의 차이가 가져다주는 기회의 위대함에 대해 매일매일 깨달음을 얻곤 한다.

이처럼 우리의 삶의 공간, 비즈니스의 공간을 세계로 넓혀 생각하면 엄청난 기회와 새로운 선택이 우리를 기다린다. 예를 들어 한국에서는 이미 포화상태에 이른 테이크아웃 Take out 커피 전문점이 중국이나 다른 동남아시아의 국가에서는 블루오션이 될 수 있다. 이처럼 글로벌이란 기회라는 단어를 내포하고 있다. 물론 기회는 유행을 관찰할 수 있는 눈이 있어야 잡을 수 있다.

　유행을 관찰할 수 있는 날카로운 눈은 끊임없이 공부하고 탐구하는 삶의 자세에서 비롯된다. 그래서 나는 시대적 흐름을 놓치지 않으려 늘 책을 곁에 둔다. 그러면서 나를 둘러싼 공간과 공간의 차이를 이용해 새롭게 도전할 일이 없는지 끊임없이 고민한다.

　더불어 자주 외국을 다니면서 다른 문화권을 체험하고 그 나라를 더욱 깊이 이해하려 한다. 때론 카메라를 꺼내 사진을 찍고, 각국의 사업 파트너들을 만나 이야기를 나누면서 메모지에 깨알같이 아이디어를 적어나간다.

　한마디로 모든 비즈니스에는 작가주의가 필요하다. 노력하고 공부하는 삶의 태도는 스스로에게 끝없이 에너지를 공급해주는 자가발전기와 같다.

# CHAPTER 6

# 위기는 오히려 기회를 불러 온다

**김영식**
왜 우리가 실천을 하지 못하는가?
그것은 성공에 대한 자기 확신이 없기 때문이다.

1997년 9월의 세 번째 일요일.
지금까지 사업을 해오면서 너무나 힘들었던 하루가 나에게 다가왔다.
10박 11일의 유럽 출장을 마치고 귀국을 한지라 시차 적응도 안 된 상태였지만, 미리 준비된 월요일을 맞아야겠다는 생각으로 출근을 했다. 출장 결과가 좋아서인지, 간만에 먹은 한국 음식의 달콤함 때문인지, 출장의 피곤함도 잊은 채 막 회사 건물로 들어서는 순간, 나도 모르게 몸을 숨기고 말았다.
우리 회사에서 일하던 두 명의 대리가 사무실에서 무언가를 가지고 내려와 그들의 승용차에 싣고 있던 것이 아닌가!

내가 모습을 드러내자 그들은 당혹한 얼굴들을 애써 감추며 '출장은 잘 다녀왔는지' 안부를 묻고는 황급히 사라졌다.

이틀날, 완급을 다투는 모든 일들도 뒤로한 채, 그들을 불러 자초지종을 확인했다. '우영'의 직원으로 있던 과장 하나를 중심으로 세 명의 대리가 합류해 회사를 그만두고 창업을 하려는 의사를 확인하게 되었다.

순간 유럽 출장동안 쌓였던 피로가 한꺼번에 밀려와 정신이 아찔했다. 마치 장시간 비행 후, 공항 밖에서 서둘러 핀 한 대의 담배처럼 머리가 핑 돌았다.

같은 회사에서 근무를 해 오던 우리는 형제이상으로 친하게 지냈기에 늘 주위로부터 부러움과 질투를 한 몸에 받았다. 그들이 입사할 때 회사에 잘 적응할 수 있도록 나는 최선을 다해 도와주었고, 업무와 거래처 개발방법, 영업 관리 요령을 가르쳐왔기에 그들은 나를 스승이라 불렀다.

그러다 우리가 근무하던 회사가 어려움을 겪게 되자, 그들이 먼저 내게로 다가와 나를 중심으로 회사를 설립하자는 제안을 했다. 회사를 운영하기에는 스스로가 아직 부족하다고 생각되었지만 형제와 같은 그들이 함께 할 수 있다기에 용기를 내어 (주)우영종합물류를 설립했다.

3년 전, 나를 중심으로 회사를 설립해 우리는 성공가도를 달리는 듯했다. 창업 초기 7명이던 직원 수도 14명이 되었고, 우리의 미래는 마냥 밝게만 보였다. 그들은 회사의 동량棟梁으로서 역할을 잘 해왔기에, 나 또한 그들을 믿고 일에만 전념할 수 있었다.

그런데, 그들이 나를 떠난다고 하니, 그동안 힘들게 함께 해 왔던 모든 일들이 수포처럼 여겨졌다. 그들과 머리를 맞대고 세웠던 미래의 계획들은 아무 소용도 없었으며, 내 자신이 초라하고 보잘 것 없는 존재로 느껴져 '삶의 가치'까지 의구심을 갖게 되었다.

퇴사의 이유는 의외였다.

나는 그들과 잘 지내왔다고 생각했는데 그들이 업무와 관련된 실수를 하거나 근무하는 태도에 문제가 있을 때 행했던 날카로운 나의 질책이 그들의 마음속에 상처를 냈던 것이다.

지금 와서 돌아봐도 그날이 지금껏 사업을 해 오면서 정신적으로 가장 힘들었던 하루였던 것 같다. 이 일을 겪으면서 그동안의 업무방식에 대해 다시 생각하는 계기를 가졌다. 무조건 내 방식을 강요하기보다는 참고 기다리는 습관이 생겼다고나 할까? 다른 사람 때문에 서운하다는 감정이 많이 무뎌지게 되었다.

그날 이후 나는 서운하다는 표현을 잘 하지 않게 되었다. 오히려 '자신의 본분을 성실하게 다하면 언젠가 그 뜻을 이룬다.'는 우공이산愚公移山의 격언처럼 스스로에게만 엄격하려 노력하고 있다.

## 죽을 각오를 하면 살 길이 보인다

최인호의 소설「상도商道」를 보면 조선후기 최고의 거상 임상옥의 일화가 나온다. 임상옥은 당대 최고의 세도가 박종경에게 적심赤心; 조금도 거짓이 없는 참되고 충성스러운 마음, 丹心을 주고 중국과의 인삼교역권을 얻었다. 5천근의 질 좋은 인삼을 가지고 연경에 도착한 임상옥은 한 약재상 앞에 인삼의 공시가를 게시했다.

'인삼 1근당 은자 40냥.'

당시 조선에서 건너온 인삼은 개별적으로 거래되지 않고 공시가로 정해져 일괄 거래되었기 때문에 중국 상인들은 놀란 입을 다물지 못했다. 그 전의 가격인 1근당 은자 25냥에 비해 터무니없이 비싼 가격이었기 때문이었다. 하지만 지난 2백 년 동안이나 인삼 가격이 25냥으로 고정되다보니 조선 상인의 입장에서 보면 억울한 면이 많았다.

조선을 출발할 때부터 오랜 관행을 깨뜨릴 생각을 한 그는 지난해 인삼 흉작으로 연경 일원에서 인삼의 씨가 말라 있음을 꿰뚫어 보고 건곤일척乾坤一擲의 승부를 벌이기로 결심한 것이다. 임상옥의 이러한 선전포고에 중국 약재상들은 불매운동으로 맞섰다. 중국 상인들은 임상옥에게 공시가를 정정해 종전 값을 받으라고 요구했다.

그가 선택할 수 있는 길은 중국 상인들의 요구대로 공시가를 종전의 값으로 낮추거나 아니면 인삼을 그대로 갖고 돌아가는 방법뿐이었다. 하지만 두 가지 모두 임상옥에게는 파산을 의미했다.

진퇴양난進退兩難, 이 절대 절명의 위기 속에서 임상옥은 석숭 큰 스님의 뇌성雷聲과 같은 목소리가 떠올랐다.

"이 죽을 사死 자가 너를 첫 번째 위기에서 살려줄 것이다. 다른 방법은 없다. 오직 이 죽을 사 자, 한 자 뿐이다."

다음날 임상옥은 인삼 가격을 새로 조정해 공시했다.

'인삼 1근당 은자 45냥.'

중국 상인들은 침을 뱉으며 임상옥에게 꾸에즈귀신같은 사람, 토우도둑 등의 욕을 퍼부었다. 그리고 마침내 임상옥과 중국 상인들 간의 결전의 날이 다가왔다. 내일이면 조선의 사신들이 연경을 떠나 조선으로 돌아가는 날이었던 것이다.

귀국 채비를 모두 마친 임상옥은 인삼을 모두 여인숙 마당에 쌓게 했다. 5천근의 인삼이 모두 쌓이자 그는 한편에 쌓아놓은 장작더미에 불을 붙이게 했다.

"인삼을 불속에 집어넣게."

곧 인삼의 독특한 향이 매캐한 연기에 섞여 번져 나갔다. 이제 다급해진 것은 연경 상인들이었다. 인삼이 불에 타 모두 사라져 버리면 임상옥뿐만 아니라 자신들도 망할 수밖에 없었던 것이다.

"임 대인, 제발 불을 끄시오."

"우리가 졌습니다. 일단 불을 끄고 말을 하도록 합시다."

5천근 중 절반이 이미 불길 속에 사려져버렸지만 임상옥은 새로 공시한 1근당 45냥의 가격에 남은 인삼을 모두 팔 수 있었다.

## 위기는 오히려 기회를 불러 온다

누구나 살면서 한 두 번의 결정적인 행운을 맞이한다. 반면 그만큼 심각한 위기에도 부딪히게 된다. 그렇게 위기에 부딪히게 될 때 대부분의 사람들은 눈높이를 낮추고 자신의 몸과 마음을 움츠리지만 나는 위기를 이겨내기 위해서는 오히려 앞으로 한 걸음 나아가야 한다고 생각한다.

보통 위기는 더 이상 앞으로 나아갈 수 없는 형태로 다가온다. 그러므로 대부분의 사람들은 위기를 맞으면 그 순간만을 모면하기 위해 뒷걸음치며 도망을 간다. 하지만 위기극복은 오히려 위기 속으로 한 걸음 나아감으로써 극복된다.

**CHAPTER7**

# IMF,
# 삶과 죽음의
# 경계에 서다

**Oprah Winfrey**

할 수 없을 것 같은 일을 하라. 이번에는 더 잘 해보라.
넘어져 본 적이 없는 사람은 단지 위험을 감수해 본 적이
없는 사람일 뿐이다.

      1997년 12월, 월례모임에서 골프를 즐기던 중 조선 회사를 운영하던 사장님 한 분이 전화를 받자마자, 운동을 중단하고 그 자리를 떠났다.
  황급히 자리를 떠난 사장님 회사의 최대 거래처인 대기업이 최종 부도를 냈다는 것이다. 그 날 밤부터 각종 매스미디어에서 우리나라가 외환 위기를 맞았으며 IMF에 구제 금융을 신청했다는 보도를 앞다투어 하기 시작했다.
  대미 환율이 달러당 환화 2,000원을 육박했고 대기업, 중소 기업할 것 없이 하루에 150개의 회사들이 연쇄 부도를 맞았다.

자구책으로 '구조조정'이니 '명퇴'니 하는 단어가 우리들의 입에서 쉽게 오르내리게 되었다.

심지어 은행들까지도 외국회사들에게 팔린다는 둥, 상호 합병을 한다는 둥, 태어나서 한 번도 들어보지 못했던 경제 용어들이 연일 뉴스를 통해 쏟아져 나왔다. 정부의 대응책도 혼란을 거듭하였기에 전 국민이 중심을 잃고 표류하는 듯했다.

믿었던 직원들이 회사의 기밀서류를 가지고 집단퇴사를 강행해 내게 주었던 커다란 심적 고통도 IMF가 가져다준 시련에 비하면 그저 귀여운 몸짓에 불과하다는 것을 금방 깨우칠 수 있었다.

거래처들이 잇따라 부도를 내면서 해상화물과 항공화물의 운임을 하나도 받지 못했고, 우리가 선사와 항공사에게 미리 지불한 운임과 해외 파트너들에게 송금한 선임과 항공 운임은 고스란히 '우영'의 순손실로 떠안을 수밖에 없었다. 받아두었던 어음은 부도가 났고 거래처들을 대신해 열어두었던 신용장에 대해서는 은행에서 청구 독촉이 빗발쳤다.

나라 전체가 경제 위기다 보니 수입화물 또한 급감해 일을 하더라도 수익성이 악화되어 어려움은 끝없이 계속되었다.

IMF의 원인은 여러 가지가 있었지만 재벌들에게 싼 이자로 돈을 빌려준 부실대출이 큰 원인이었다. 재벌들이 사업에서 손실을 보는 상황에서도 계속 은행돈을 빌려 주다보니 한 번 터진 어음은 연쇄부도를 냈고, 나중에는 계열사들끼리 지급보증을 서가며 순환출자를 하다 보니 그야말로 꼬리에 꼬리를 무는 부실의 폭탄이 대한민국을 뒤덮었다.

## 이름을 지키려는 노력

환율이 오르기 전에 수입을 시작해 환율이 두 배로 뛴 상황에서 대금을 결제해야 하는 많은 수입업자들은 어떤 대책도 세울 수 없는 상황에서 앞다투어 도망을 쳤다. 그때부터 대기업, 중소기업 할 것 없이 부도의 물결이 대한민국을 뒤덮었다. 당시 언론의 보도를 보면 하루에 150개 이상의 기업이 부도가 나 사라졌다.

수입화물을 주로 취급해오던 우리 회사에도 상상할 수 없는 일들이 벌어졌다. 수입회사들이 연쇄부도를 내고 도망을 가면서 그 사이 개설해 놓은 LC Letter of Credit, 신용장, 信用狀는 결제를 받지 못한 채 쌓여만 갔다. 자그마치 백만 달러. 당시 2,000원이던 환율을 적용하면 20억에 가까운 빚이 순식간에 생겼다.

문제는 매출 20억이 아니라 순손실 20억이라는 점이었다.

이런 부실 사태는 멈추지 않고 계속되었다.

더욱이 이젠 더 이상 수입을 하겠다는 사람조차 없었다. 수출물류는 호황을 맞이한 반면 수입물류는 멈춰서고 말았다. 물류가 멈추자 세상이 멈추어 선 듯했다. 길거리에는 노숙자로 넘쳐났고, 직장을 잃은 가장은 스스로 목숨을 끊었다. 아이들은 학원 다니는 것을 포기하였고, 스스로 삶을 버리는 사람들이 늘어갔다.

우리 회사의 경우 사전에 선적해 두었던 컨테이너가 1,000개라면 900개에 해당하는 운송의뢰 회사가 부도를 냈다. 그런데 나머지 100개의 컨테이너만을 수입 통관하겠다고 요청했더니 우리 회사에게 1,000개 값을 치르라는 요구를 해왔다. 울며 겨자 먹기로 100개의 컨테이너를 수입 통관하기 위해 1,000개의 컨테이너 운임을 낼 수밖에 없었다. 그래도 '우영'에 운송을 의뢰한, 어려운 IMF 시절임에도 약속을 지킨, 100개의 컨테이너를 운송 의뢰한 고객의 입장을 생각했다.

900개의 컨테이너에 대한 운송료, 받아놓은 어음, 외상 판매 등 시간이 지나갈수록 적자가 쌓였다. 1,000개 컨테이너 운임을 치르고 100개 컨테이너를 운송, 판매하니 일을 하면 할수록 적자가 쌓여갔다. 순손실액이 어느새 40억이 넘어섰다.

그래도 나는 묵묵히 일만 했다.

그것은 내 이름과 회사의 이름을 지키려는 노력이었다. 어려움의 시간은 몇 년 동안 계속되었다.

마침내 나는 충청북도에 있는 소백산을 찾아가 스스로 나의 운명을 정리하고자 하는 극단적인 마음까지 먹었다. 겨울 소백산은 내가 실족하기 적당한 장소라는 생각을 했다.

눈 덮인 소백산, 사람들의 발자국이 하나도 찍혀있지 않은 산길을 오를 때 눈물이 맺혔다. 지금껏 정말로 열심히 노력했는데 이렇게 모든 것을 정리한다고 생각하니 알 수 없는 분노와 서러움이 불현듯 밀려왔다.

한 걸음, 한 걸음 앞으로 내딛는 발걸음은 미침내 보기에도 이찔한 협곡 옆을 향하고 있었다. 이제 몇 발걸음만 더 내딛으면 이 모든 악몽에서 깨어날 수 있을 거라는 생각이 주마등처럼 스쳤다.

그런데 그때 어머님 얼굴이 떠올랐다.

IMF가 터지고 대한민국이 위기에 처했다는 뉴스가 연일 보도되자 어머니는 내게 전화를 걸어 "성수야. 내가 볼 땐 네 능력으로는 도저히 감당을 못할 상황에 이른 거 같다. 내가 잘 모르지만 텔레비전에서 무슨 영어를 이리 많이도 말하니?"

그래서 내가 "네, 좀 힘이 듭니다." 라고 말씀드렸더니

어머님께서는 "이럴 때일수록 건강해야지. 너희 회사가 다 망가져도 육체노동을 해서라도 가족들을 먹여 살려야 하니, 다른 것 말고 술도 좀 줄이고 건강을 돌보거라. 엄마가 해줄 말은 이것밖에 없다." 고 말씀하시는 것이었다.

전화를 받을 당시에는 하루하루 닥친 결제에, 거래처의 부도소식에 그냥 건성으로 "네, 네" 하고 대답했었는데 막상 겨울 소백산을 오르다 마지막 몇 발걸음을 남겨둔 상황에 이르다 보니 어머니의 말씀이 떠오른 것이다.

보기에도 아찔한 협곡을 향하던 나의 발걸음은 이제 혹시나 미끄러지지는 않을까하는 조심스러운 것으로 바뀌어 겨울 소백산을 내려오고 있었다. 정말로 모든 것은 마음먹기 나름이란 표현을 실감했다. 그리고 아무 일도 없었다는 듯이 집으로 돌아온 나는 모처럼 잠을 푹 잔 다음 더욱 굳은 마음을 가지고 회사로 출근했다. 그리고 하루하루 예전보다 더 열심히 일했다.

마음을 고쳐먹고 더욱 일에 몰두하니 생각지도 않았던 해외 에이전트들이 앞다투어 도움을 주었다. 해외 에이전트 중 90 퍼센트 이상이 "이성수 사장 형편 되는 대로만 송금을 하라." 는 말과 함께 조건 없이 일을 진행해 주었다.

더욱 고마운 것은 해외 에이전트 친구들이 나의 출장비용조차 절약해 주고자 모두 한국으로 들어와 밤새 머리를 맞대고 함께 위기를 이겨낼 방법을 나누었다.

다행히 지금 '우영'은 그때의 위기를 슬기롭게 극복하고 해외 시장과 국내 시장에서 신뢰 받는 기업으로 성장했다. 최근 경영 혁신형 중소기업 인증도 받아 '우영'의 모든 가족들이 '우리'의 가치를 지키고 있다.

## 나를 위한 채움, 우리를 위한 나눔

1994년 출범한 (주)우영종합물류는 현재 국내와 중국, 베트남에 150

여 명의 직원들이 함께하고 있는데 가족들까지 생각하면 500명 이상의 생활기반이 회사에 달려 있으니 대표로서 늘 막중한 책임감을 느낀다.

우리 일은 물류 업에 속하는데 국내물류보다는 해외물류의 비중이 높다보니 때론 세계적인 규모의 회사와 경쟁한다. 그런 회사들 중에는 우리나라의 지정학적 위치의 중요성을 탐내고 '우영'에 자본투자를 하겠다는 제안도 많았는데 그때마다 나는 제안을 거절해 왔다.

나 자신의 이익만을 고려한다면 그들의 제안은 구미가 당긴다. 하지만 내게는 지금은 비록 작은 회사지만 '우영'이란 브랜드를 세계적인 브랜드로 키우고 싶다는 꿈이 있기 때문이다.

그것은 내 개인의 역량이 그 정도로 훌륭하다는 말이 아니라 이제는 그럴 수 있는 기반이 마련되었다는 생각을 하게 된 것이다. 그동안 나와 호흡을 맞춰 일했던 우리 임직원들이 이제 많은 역량을 갖추고 있고 나의 노하우와 그분들의 에너지가 힙쳐진다면 '우영'이란 브랜드를 다른 나라로 전파할 수 있겠다는 생각이 드는 것이다.

앞으로 우리 회사의 글로벌 지점을 좀 더 개척한다면 그곳은 우즈베키스탄을 포함한 동유럽이 될 것이다. 옛날 고려인이라 불리는 사람들이 살고 있고 한국문화가 남아있는 곳. 머지않아 이곳에도 우영의 지점이 생길 것이란 희망을 가져본다.

이미 사업초기부터 친분을 쌓아온 유럽인 친구들이 합작회사 형태의 사업제휴를 제안하고 있다. 과거 베트남에 지점을 세울 때도 이탈리아 친구들이 사업제휴를 제안했다. 하지만 아시아와 유럽간 문화차이와 사회주의 국가라는 정치적 차이를 극복하기 어려워 독자설립으로 방향을 선회했다. 이처럼 글로벌 비즈니스를 위해서는 그 나라의 문화를 이해하는 것이 첫 번째다.

# 위대한 일을
# 성취하는 것은
# 노력뿐이다

**Napoleon**

우리가 어느 날엔가 마주칠 불행은
우리가 과거 어느 날 소홀히 보낸 시간의 보복이다.

    회사의 대표가 되면서 스스로 지켰던 약속 중 하나가 남보다 일찍 하루를 시작한다는 원칙이다. 물론 일찍 일어나는 것은 중학교에 입학한 이래 줄곧 지켜온 습관이었지만 일찍 일어나서 일찍 출근을 하면 미국과 캐나다, 멕시코 등 아메리카 대륙의 파트너들과 보조를 맞추어 일을 할 수 있었기 때문이다. 반면 우리나라보다 시차가 늦은 유럽의 파트너들과 함께 일하기 위해서는 모두가 퇴근한 시간까지 일을 붙잡고 있어야 했다.
    작은 회사의 사장이다 보니 영업상 술자리가 거의 매일 있었고, 어떤 날은 새벽까지 자리가 이어졌지만 오전 5시에 일어나서 7시 전에 업무를 시작한다는 내 원칙에는 예외가 없었다.

　물론 나도 사람인지라 몇 시간 자지 못한 상태에서 하루를 시작한다는 것이 말처럼 쉽지는 않았다. 하지만 '자고 싶을 때 자고, 먹고 싶을 때 먹는다면 그것은 거지의 삶과 다를 바 없다.' 는 생각으로 스스로에게만은 더욱 엄격한 잣대를 요구했다.

　이렇게 오전 7시에 출근을 하면 밤사이 유럽과 미주지역 등 세계 각국에서 들어온 이메일을 점검하고 일일이 손수 답장을 쓴다. 그런 다음 그룹웨어에 올라온 결재 사안들을 처리하는데 그러고 나면 보통 오전 9시 정도가 된다. 남보다 두 시간 정도에 빨리 일을 시작함으로써 남보다 완벽하게 하루를 맞이할 수 있는 것이다. 그때부터 오전 10시까지는 국내외 지점들과 인터넷폰으로 업무 이야기를 나눈다.

　마치 군대에서 하는 일조점호—朝點呼 같은 것을 매일매일 실시하는데 밤사이 그쪽에 사건사고가 무엇이 있었는지 육성으로 대화를 나눈다.

　우리나라와의 시차가 베트남은 2시간, 중국은 1시간이므로, 한국시간으로 오전 10시정도면 해외 지사직원들이 출근을 한다. 나의 하루 업무는 대략 10시에서 10시 30분이면 종료가 되고, 이것은 하루도 빠짐없이 매일같이 반복된다.

　이후 점심약속이 있으면 외출을 하지만 약속이 없는 날에는 자기계발 차원의 공부를 한다. 특히 영어와 중국어 공부는 매일같이 한다. 오랫동안 영어를 사용해왔기에 영어로 의사소통을 하는 데는 큰 문제가 없지만 1년 전 시작한 중국어는 이렇게 틈틈이 공부를 하다 보니 어느새 중급 이상의 실력을 보유하게 되었다.

　이렇게 중국어를 공부하는 이유는 어학공부를 통해 조금 더 중국문화와 중국시장을 이해할 수 있다는 믿음 때문이다. 물론 중국인 직원들과 의사소통을 위해서도 중국어 공부가 필요하다.

공부를 마치면 오전 11시 30분경. 그때부터 나는 일산 호수공원을 한 시간 정도 걷는다. 매일 이렇게 걷는 양이 대략 만보 정도다. 약속 때문에 호수공원을 걷지 못한 날은 퇴근 길, 집까지 걸어가며 부족한 운동 분량을 채운다. 걷기를 마치고 점심을 먹으면 단골 사우나로 향한다. 땀으로 젖은 몸을 씻고, 맨손체조로 정리운동도 하지만 15분의 오침이라는 선물을 내게 주기 위해서다. 그러면서 오후를 준비한다.

사우나에서 다시 사무실로 돌아오면 오후 2시 정도. 보통 오후에는 거래처를 방문하거나 사무실을 방문한 손님을 맞이한다. 그렇지 않은 경우는 저녁약속 준비를 한다.

## 아버님이 물려주신 성실이란 화두

무엇이든 정확하게 해야 직성이 풀리는 습관은 부모님께 받은 고마운 유산이다. 특히 나의 선친께 영향을 많이 받았다. 선친께서는 중학교 1학년이 되자 항상 나를 5시에 깨웠는데, 나는 매일같이 졸린 눈을 비비며 마당을 쓸었다. 마당을 한 시간 정도 쓸고 나면 그때부터 아침 공부를 시작했다.

나는 서울에서 태어나 초등학교 6학년 1학기까지 서울생활을 했다. 그러다 본격적인 여름이 되기 전, 순천으로 전학을 갔는데 내가 서울에 살던 그 시절만 하더라도 우리나라에는 직업이 그리 많지 않았고 대부분의 가정이 가난했다.

우리 아버님은 행상을 하셨는데 손수레에 물건을 싣고 여기저기 팔러 다니셨다. 손수레에 실리는 물건은 때론 야채가 되었고, 때론 과일이 되었다. 이렇게 모은 자본으로 나중에는 점포를 얻었는데 나중에는 제법 큰 도매상을 하셨다.

정말이지 성실이라는 자본으로 계란을 부화해 병아리가 되고, 병아리를 팔아 송아지를 산 전형적이 우리 아버지 세대의 이야기라 할 것이다.

당신은 매일 새벽달을 보며 그날의 손수레 행상을 위해 도매시장으로 물건을 떼러가셨다. 신선한 야채와 과일이 장사의 근본이며 경쟁력이라는 철학을 당신께서는 삶을 통해 보여준 것이다.

오전 5시면 어김없이 일어나는 습관은 사업을 하는 지금도 나의 가장 큰 경쟁력이다. 그래서인지 지금도 새벽시간이 주는 고요함과 평온함을 즐긴다. 오전 6시에 아침밥을 먹고 집을 나서면 다른 사람보다 조금 일찍 하루를 시작한다는 기특함 때문인지 밤새 시끄러워진 내 마음이 금방 고요해진다. 새삼 느껴지는 자연의 경이로움에 스스로를 낮추게 되면서 마음은 어느새 하늘을 나는 새처럼 한없이 가벼워진다.

### 위대한 일을 성취하는 것은 노력뿐이다

어떤 분야든 어린 시절 자신의 꿈을 이루기 위해 끝없이 노력하고 탐구하는 사람은 언제나 멋있고 아름답다. 누구에게나 꿈은 있지만 꿈을 그저 막연히만 생각하고 노력하지 않는다면 꿈은 그야말로 꿈에 그치고 만다. 그렇지만 스스로의 꿈을 이루기 위해 매일 꾸준하고 부단한 노력을 한다면 그것은 현실로 이루어질 것이다.

위대한 일을 성취하는 것은 노력뿐이다.

그런데 스스로 씨앗도 뿌리지 않은 채 열매가 열리기를 바라는 경우도 많다. 성취의 비결은 어찌 보면 간단하다. 가장 중요한 일에 집중하는 것이다. 우리가 간절히 원하는 것을 이루지 못하는 가장 큰 이유는 그것에 집중하지 않기 때문이다.

대부분의 사람들은 특정한 분야에서 최고가 되려고 하기보다는 그냥 취미삼아 해보는 정도에 그친다. 사실 우리를 만드는 것은 바로 우리의 행동이라는 사실을 깨닫는 것이 중요하다.

무엇이 행동을 만들어내는가?

이 질문에 대한 답은 우리의 운명을 만드는 결정적 열쇠다.

일의 성취를 이루기 위해 우리가 지켜야하는 원칙은 세 가지다.

먼저 지금 눈앞에 일어나고 있는 일에 집중해야 한다. 소명 의식을 가지고 지금 가장 중요하다고 판단되는 것에 모든 노력을 쏟아 부어야 한다.

다음은 과거에 일어났던 일들을 돌아봐야 한다. 과거에서 소중한 교훈을 배우고 지금부터는 과거보다 진보된 행동을 해야 한다.

마지막으로 멋진 미래의 모습을 마음속에 끊임없이 떠올려야 한다. 또한 그것이 실현될 수 있도록 현재의 계획에 반영해야 한다.

지금 바로 시작해야 하는 이유는 간단하다.

좋은 일을 하는데 나중으로 미루는 사람은 그 기회를 놓치고 만다. 이것이 바로 삶을 여는 열쇠다.


### 작은 실천이 모여 변화를 만든다

한 방울 한 방울 떨어지는 물도 세월이 지나면 단단한 돌에 구멍을 뚫는다. 땅에 떨어진 작은 씨앗 하나가 머지않아 많은 열매가 된다. 우리의 아주 작은 실천들도 함께 모이면 세상을 좀 더 살기 좋은 것으로 만드는 큰 힘이 된다.

작은 노력들은 처음엔 크게 성과가 있어 보이지 않는다. 예를 들어,

물을 끓일 때도 99도까지는 그저 물의 상태다. 하지만 조금씩 꾸준히 온도를 올리다 보면 물은 질적 변화를 일으킨다. 지금까지 해왔던 것에서 단지 1도만을 올렸을 뿐인데 물은 한순간에 수증기로 변한다.

 의미 있는 작은 실천들이 모여 어느 순간 이전보다 나은 세상을 만드는 이치도 마찬가지다. 우리는 이것을 임계점臨界點 극복이라고 한다.

**CHAPTER 9**

# Carpe Diem,
# 지금이라는 화두

**Tennessee Williams**
갈 데가 없어도
떠나지 않으면 안 될 때가 있다.

    내가 소중히 생각하는 단어 중 하나가 'Carpe Diem(지금 살고 있는 현재 이 순간에 충실하라는 뜻의 라틴어, 우리말로는 현재를 즐기라는 것, 영어로는 Pluck the day)'라는 말이다.
    그런데 주변 사람들을 보면 '오늘 하지 못하면 내일 하면 된다.'는 말을 너무도 쉽게 한다. 하지만 지금 이 순간은 지나고 나면 절대로 다시 돌아오지 않는다. 그래서 '오늘 하고자 하는 일을 내일로 미루지 말라'는 속담도 있지 않는가?
    자신이 정한 목표를 달성하기 위해서는 처음부터 달성 가능한 목표치를 정하는 것이 중요하다. 목표가 추상적이거나 너무 힘들면 누구나 며칠 실천하지도 못해 포기상태가 된다.

약속을 정할 때도 마찬가지다. 우리는 쉽게 "백만 원 내기할까?" 이런 말을 한다. 그런데 백만 원 내기라는 것이 애초부터 지켜질 것을 전제로 하지 않는 약속이다. 만약 "삼만 원 내기할까?" 라고 말했다면 그것은 지켜질 수 있는 약속이 된다.

### 오늘보다 더 나은 내일로 나로 채우자

되는 것과 안 되는 것의 차이를 가르는 것이 무엇인가?

만약 정말로 열심히 노력을 했다면 그럼에도 불구하고 안 되는 경우는 언제인가? 만약 열심히 시험공부를 했음에도 불구하고 시험에 떨어졌다면 몇 점 차이로 떨어져 보았는가? 공통점은 종이 한 장 차이다. 그래서 조금만 더 했더라면 하는 후회가 늘 우리의 인생에 존재한다.

우리는 근소한 차이를 극복해야 한다.

이것이 101%의 힘이다.

아무리 뛰어난 재능을 가진 사람도 현재보다 나아지려는 노력을 하지 않는다면 성공한 인생을 얻을 수 없다. 그래서 다른 사람보다 더 나아지는 것에 신경 쓸 것이 아니라 지금의 나보다 나아지려는 노력이 중요하다. 어제보다 나은 오늘의 나, 오늘보다 더 나은 내일의 나를 통해 우리의 인생을 채워가는 것이다.

기회는 우연한 순간 우리에게 찾아온다.

다만 우리가 새로운 삶을 살겠다는 선택을 하고, 그것을 성실히 준비하고 있어야 한다는 단서가 전제된다. 새로운 꿈을 이루기 위해서는 현재 자신에게 닥쳐온 어려움을 정면으로 바라보는 것이 출발이다. 내가 가진 어려움이 무엇인지 정확히 알고 앞으로 어떻게 행동할 것인가를 현명하게 계획함으로써 우리는 꿈의 성공 가능성을 높일 수 있다.

우리가 하고 있는 수많은 후회는 과거의 시간에 '그것을 했어야 했다'는 선택과 '그것에 매진했어야 했다' 는 실천의 문제다. 할 수 없다는 생각이 불가능을 만든다. 할 수 있다는 생각만이 신념을 만들고 신념이 바로 행동을 이끌어 낸다.

현재를 살면서도 과거의 후회 속에 스스로를 가두는 사람들이 있다. 어떤 이는 과거의 영광을 과장되게 자랑하며 현재의 시간을 허비한다. 지나간 과거는 어찌 할 수 없는 것인데도 그것에 집착하는 것은 다가올 자신의 미래에 새로운 후회를 만드는 것이다.

지나온 길이 힘들수록 지금 할 수 있는 일에 몰두해야 한다.

## 행복한 미래는 한순간 찾아오지 않는다

누구에게나 행복한 미래는 한순간 찾아오지 않는다. 그것은 현재를 충실히 사는 하루하루가 쌓여 만드는 것이다. 그러므로 비록 우리의 미래가 불투명할지라고 그것을 두려워하거나 슬퍼할 필요는 없.

삶의 어느 순간을 살든 현재에 충실한 사람의 미래는 과거보다 항상 나아지기 때문이다. 무엇인가를 성취하거나 소유하면 행복할 것이라 믿으며 현재의 행복을 미래의 행복을 위해 미루는 사람도 있다. 하지만 지금 행복할 수 없는 사람은 미래에도 행복할 수 없다. 미래의 행복을 원한다면 먼저 이 순간의 행복에 집중해야 한다.

어떤 일이든 현재에 몰입할 때만이 자신의 능력을 마음껏 발휘할 수 있다. 몰입해야만 열정을 쏟을 수 있고, 미련도 남지 않는다.

스타벅스Starbucks의 경영자CEO 하워드 슐츠Howard Schultz는 전 세계에 12,000개의 매장을 보유하고 있다. 하지만 그의 슬로건은 '날마다 다른 사람'이다. 그는 매일 다양한 분야의 사람들과 점심을 먹으며 그들의 이야기를 경청한다.

**CHAPTER 10**

# 생생하게
# 그린 미래는
# 현재를 견인한다

안철수

사람으로서 당연히 지켜가야 할 중요한 가치가 있다면
아무런 보상이 없더라도 그것을 따라야 한다고 생각한다.

    나는 어떤 면에선 아주 단순한 사람이다.
  부모님께 배운 것, 학교에서 배운 것, 책에서 배운 것을 그저 실천하는 사람이기 때문이다. 다만 차이점이 있다면 인생의 항로 Traffic를 설계 Design하고 그것을 이룰 때까지 계속해서 노력한다는 점이다.
  사람들이 가보지 않는 길을 두려워하는 이유는 그 길에 무엇이 펼쳐질지 상상할 수 없기 때문이다. 하지만 나의 경우 미래의 길을 두려워하지 않는 이유가 미리 내가 도달할 지점을 늘 상상하기 때문이다.
  예를 들어 인생을 구십까지라고 가정한다면 구십 살이 된 나의 입장에서 지금 내가 걷고 있는 현재의 길을 바라본다. 그러면 앞으로 내가 걸어가야 할 길도 함께 보인다.

사실 우리는 옳고 그른 것을 잘 판단할 수 있다. 어쩌면 아주 기초적인 것만 잘 지켜도 우리의 삶은 조금씩 나아질 수 있다. 다만 길을 시작했다면 묵묵히 걸어가 길의 끝에 도착하는 것. 그것이 중요하다.

때론 남들보다 실천력이 강하기 때문에 오는 갈등도 있다. 대부분의 일에 있어 적당히 타협하는 법이 없다보니 어떤 경우 내 가족들도 그것을 이해하고 따라오기 힘들어한다. 거기서 가끔은 충돌도 생긴다.

### 물려주는 삶이 필요하다

물려주는 삶은 우리 사회 전체로 보아도 필요하다. 예를 들어 우리같이 베이비붐 세대에 태어난 사람들은 엄청난 인구군(群)을 형성했다. 그런데 우리 세대가 지나가고 나면 다음 세대가 그 자리를 채워야 하는데 우리 세대보다 인구수가 줄어 그들만으로는 다 채울 수 없다.

거기에 우리세대의 복지문제까지 그들이 떠안아야 한다. 그래서 내가 생각한 해법은 후배들에게 빨리 주도권을 물려주고 그들이 전체적인 조직의 파이를 키우며 우리는 현직에서 절반정도 물러나 노하우를 제공하는 방식이다.

'임금피크제'도 그런 방식의 제도다. 우리 회사도 나를 포함해 그동안 회사를 위해 오랜 시간 노력한 분들의 노후를 보장하는 방법을 연구하고 있다. 노후에는 실제 일하는 시간은 줄이되, 시니어의 노하우를 주니어에게 전수하고 임금도 줄이는 임금제도를 도입할 계획이다. 회사가 해를 거듭할수록 임직원 수가 증가하다보니 탄력적인 근무를 통해 더 오래 일하는 방법을 생각해 낸 것이다.

내가 갈 길을 미리 계획한다는 의미에는 어려움이 닥치는 것도 미리 계산하고 있다는 것을 내포한다. 스물아홉 살에 동업으로 사업을 시작한 후, 서른네 살에 독립을 한 뒤 호시절도 있었고, 삶과 죽음의 경계에 설 만큼 힘든 시절도 있었지만 늘 내가 가야할 길을 먼저 바라보고, 그곳에서 현재를 반추하는 습관 때문에 지금까지는 무사히 위기를 이겨낼 수 있었다.

## 역경은 준비로 극복할 수 있다

예를 들어 에베레스트 산 등반을 마음먹었다고 가정해 보자. 대부분의 사람들은 에베레스트라는 단어에 취해, 철저한 준비 없이 에베레스트로 출발하려는 경향이 있다. 좀 나은 사람들도 때때로 닥쳐올 몇 가지 변수만을 예측한 채 출발한다. 하지만 중요한 것은 반드시 예측하지 못한 일이 발생할 것이라는 가정을 처음부터 계획에 포함시키는 것이다.

그리고 그 변수를 대비하기 위해 자료를 분석하고, 거기에 따라 비상식량과 장비, 옷가지와 마음가짐을 준비해야 한다.

만약 내가 에베레스트 산을 진짜 가겠다는 계획을 세운다면, 지금이 아니라 약 2년 뒤에 출발하겠다는 계획을 세울 것이다. 왜냐하면 그 사이 당연히 체력도 길러야 하고, 그곳에서 사용할 장비도 틈틈이 사 모아야 하기 때문이다. 장비 사용도 꼼꼼히 해 보며 몸에 익혀야 한다. 그리고 한 가지 더, 우리가 에베레스트 산에 가게 된다면 회사에 최소한 한 달 이상은 출근하지 못하기 때문에 시간 또한 만들어야 한다. 한 달이라는 개인시간을 만들기 위해서는 하루에 1시간씩 저축할 경우 1년이 걸린다.

책을 읽을 때도 비슷한 경우가 있다. 많은 사람들은 책을 볼 때 처음 부분은 줄을 그어가며 열심히 읽지만, 중반 이후를 넘기기가 쉽지 않다. 헌책방에서 책을 사본 경험이 있는 사람이라면 내가 하는 말에 쉽게 공감할 것이다. 그런데 책을 구매한 다음 목차를 보면서 하루에 몇 페이지씩 읽는 것이 적절한지 계획을 세운다면 처음부터 끝까지 그 책을 읽을 수 있다.

당연히 어떤 시간에 책을 읽는지도 하루계획에 포함해야 하고, 그 시간을 지키려는 노력도 해야 한다. 이런 식으로 구체적인 계획과 실천이 있어야지만 한 권의 책이라도 처음부터 끝까지 읽을 수 있다.

내 경우는 모든 책을 처음부터 끝까지 다 읽는다. 중간에 건너뛰거나, 중간에 포기하는 경우는 극히 드물다. 이해가 되든 안 되든 어떤 책이든 처음부터 끝까지 한 번을 정확히 읽고 나면 그 책이 주는 메시지를 어렴풋이 잡을 수 있다. 그리고 다시 한 번을 더 읽으면 예전보다 훨씬 많은 것을 깨달을 수 있다.

우리가 같은 영화를 두 번째 볼 경우, 처음 보았을 때 놓쳤던 많은 장면을 발견하는 것과 같은 의미이다.

## 자신의 감정을 읽을 수 있어야 한다

우리의 인생을 강물에 비유해 보자. 대부분의 사람들은 어디로 가야겠다는 목적지를 정하지 않은 채 무작정 강물로 뛰어든다. 하지만 강물을 따라 얼마 내려가지 않아 많은 사건을 만나게 되고, 그로 인해 두려움을 느끼게 된다.

그러다 강물이 더 큰 강으로 흘러 들어가는 분기점을 만나면 어느 방향으로 가야 좋을지 결정하지 못하는 경우도 많다. 사람들은 그냥 물줄기를 따라 흘러가는 것이다.

자신의 가치관이 아닌 사회적 환경에 휘둘리지만 결과적으로 무엇인가 잘못되어 가고 있다는 것을 무의식적으로 느낄 뿐 방향을 바꾸려는 노력을 하지 못한다. 이렇게 우리는 무의식 상태로 그저 강물을 따라 흘러간다. 그러다 갑자기 물살이 빨라지고 저 아래쪽에서 거대한 굉음이 들리는 것을 느낀다.

깜짝 놀라 무의식의 상태에서 깨어난 우리는 앞에 폭포가 있음을 발견한다. 하지만 우리의 손에는 방향을 바꿀 노조차 가지고 있지 않는 것을 깨닫고 한탄한다. 사람들은 결국 물과 함께 폭포의 낭떠러지로 추락한다. 그것은 감정의 추락이기도 하고 건강의 추락이기도 하다. 때론 경제적인 추락이란 이름으로 우리에게 다가오기도 한다.

어쩌면 우리가 상류에 있을 때 좀 더 나은 결단과 실천, 그리고 철저한 준비를 했더라면 추락을 막을 수 있었을지도 모른다. 그래서 우리의 생각과 감정에 대한 관찰이 필요하다.

# CHAPTER11

# 거짓말을 하려면 3년 이상 갈 거짓말을 하라

**Theodore Roosevelt**

살다보면 더 쉬운 길이 눈에 보이고
고생을 하지 않아도 되는 길이 눈에 보인다.
하지만 그런 유혹에 빠지지 말고 정당한 길을 걸으라.

    어머님께서 어린 시절부터 하신 말씀 중 '거짓말을 하려면 3년 이상 갈 거짓말을 하라.'는 말이 있다. 그런데 3년 이상 갈 거짓말을 한다는 것이 도무지 불가능해 보인다. 다시 말해 거짓말은 아예 하지 말라는 뜻이다.

    내가 처음 사업을 시작할 때만 해도 거래처 사장님들과 영업을 이유로 자주 어울렸다. 그분들과 어울려 하는 일은 주로 낮술 마시기, 골프 여행 가기, 심지어는 할 일 없는 이성들과 어울리기였다. 그런데 요즘은 그분들과 별로 어울리지 않는다. 처음에는 그렇게 어울려 노는 것이 영업이라 생각해 소위 스타일이 맞지 않으면서도 시간을 함께 했지만 좀 지나고 보니 영업이란 친교보다 정직과 신뢰가 우선이라는 진리를 깨달았다.

나는 사업을 하다 부도를 내고 그 상태에 머물러 있는 분들을 기피한다. 사실 부도란 것도 상대적인 개념이다. 무엇이 성공이고 무엇이 실패인지 객관적인 지표로 측정할 수 없으니 말이다. 내가 그런 분들을 기피하는 이유는 그들 대부분은 부도를 내기 전 소위 좀 살았던 축에 속하기 때문이다. 그래서 그분들은 부도를 내기 전의 화려했던 시절 얘기에만 몰두한다. 아쉽게도 비록 부도는 냈지만 다시 신용을 회복하겠다는 각오로 깊은 수렁에서 올라오는 처절한 과정을 얘기하는 사람은 만나보기 힘들다. 인생의 참맛도 모르고 진실성, 근면성, 성실성과는 거리가 멀다.

사업이란 것이 우연히 주변의 도움이나 잠시 좋은 경기를 틈타 순간 번창할 수도 있다. 하지만 그런 잠깐의 성공은 늘 실패라는 과정을 동반한다. 어쩌면 실패한 다음 다시 올라서는 과정을 겪어야만 진정한 사업가가 되는 것이라고 감히 말하고 싶다.

### 감정의 자기조절력이 초심을 지킨다

기업이 영속하기 위해서는 무엇보다 초심 지키기가 중요하다. 초심을 지키기 위해서는 자신의 감정을 조절하는 능력이 필요한데 외국에서도 감정의 자기조절력이 얼마나 중요한가를 시사하는 연구가 있다.

바로 유명한 마시멜로marshmallow 실험. 1960년대에 심리학자 월터 미첼 교수는 스탠포드대학 부설 유치원에서 4살 아이들을 대상으로 마시멜로 테스트를 했다. 그리고 실험에 참가한 아이들이 고등학교를 졸업할 때까지 어떻게 변화하는지를 추적했다. 미첼 교수는 우선 테이블 위에 마시멜로를 놓아 둔 다음 4살짜리 아이들을 불러들였다. 그리고 "급한 일이 있어 잠시 나갔다 올게. 그동안 테이블 위에 마시멜로를 먹어도 좋지만 내가 돌아올 때까지 안 먹고 기다리면 하나를 더 줄게" 라고 이야기한 뒤 나가서 20분간 밖으로 나갔다 돌아왔다.

일부 아이들은 실험자가 돌아올 때까지 먹고 싶은 욕구를 참아냈다. 먹고 싶은 충동을 이기기 위해 눈을 가리거나, 두 팔로 머리를 감싸 안기도 했고, 혼잣말로 중얼거리거나, 노래를 부르는 아이도 있었다. 심지어 잠을 청하기도 했다. 하지만 충동적인 아이들은 실험자가 떠난 지 얼마 지나지 않아 마시멜로에 손을 뻗쳤다.

미첼교수는 12년 뒤 아이들이 고등학교 1학년이 되었을 때 아이들의 행동에 어떤 변화가 있는지를 알아보았다. 연구 결과에 의하면 마시멜로에 곧바로 손을 뻗친 아이들과 참고 견딘 아이들 간에는 감성적, 사회적 능력 차이가 의외로 큰 것을 발견했다. 후자가 보다 높은 감성적, 사회적 능력을 몸에 익히고 있었다.

즉, 인간관계 능력이 뛰어나고, 자기 의사를 정확하게 표현할 줄 알며 좌절 상황에 대처할 수 있는 능력을 갖추고 있었다. 이들은 스트레스를 받아도 쉽게 굴복하거나 후퇴하지 않았고, 어려움에도 차분히 대처해 갔다. 매사에 자신감을 가지고 솔선수범했다. 그리고 오랜 시간이 흘렀음에도 목표를 달성하기 위해 당장의 욕구를 참아내는 능력인 만족지연 능력을 보여주었다.

반면 마시멜로에 손을 댄 아이들은 이러한 자질이 별로 없었다. 그리고 상대적으로 불안한 심리를 가지고 있었다. 이들은 대체로 대인관계를 피하는 경향이 강했고, 우유부단했으며, 쉽게 좌절하고, 자아 존중감이 낮았다. 또한 짜증과 화를 잘 내는 성격이었다. 그리고 오랜 시간이 지난 지금까지도 현재의 순간 만족을 억제하는 만족지연 능력을 보이지 못했다. 감정 조절력은 어릴 때 길러 주어야 한다는 것을 보여준 셈이다.

감정 조절력이 없으면 자신의 능력도 충분히 발휘할 수 없게 된다는 근거를 보여주는 실험이다. 감정의 자기조절력은 부정적 감정이든 긍정적 감정이든 적당한 수준으로 조절하여 우리의 삶을 풍요롭게 만드는 능력이다.

마시멜로 테스트의 예처럼 감정의 자기조절력은 우리가 살아가는데 꼭 필요한 요소다. 또한 적절히 조절되지 않은 감정이 여러 가지 문제를 일으킨다. 한편 감정의 자기조절력이 생기면 너그러운 품성이 따라온다. 자연스레 다른 사람을 이해하고 사랑하게 된다. 또한 타인과 사물의 본질을 꿰뚫는 지혜를 가지게 되므로 흔들리지 않는 의연함과 도덕적인 규범을 유지한다.

## 자라는 삶이 아름답다

자연을 관찰해도 자라는 삶이 아름답다. 추운 겨울날 앙상한 고목을 보고 있으면 도무지 살아있다는 느낌이 들지 않는다. 봄이 오고 죽은 듯 서 있던 나무에서 하나둘 싹이 틀 때 비로소 나무가 살아있다는 것을 우리는 느끼게 된다.

오래된 나무들은 몇 해가 지나도 여전히 그대로인 것 같다. 반면 어린 나무는 몰라보게 쑥쑥 자란다. 하지만 나무의 키가 자라는 것만이 성장은 아니다. 수백 년 된 나무도 때를 알고 싹을 내미는 한, 여전히 살아있을 뿐 아니라 성장하고 있다.

인간의 삶에서도 성장은 어린 생명에게만 해당되는 일이 아니다. 죽을 때까지 배우고 성장하려는 노력을 기울일 때 우리의 삶은 생기와 품위를 잃지 않는다. 끝이라고 생각하는 순간 인생은 거기서 멈춘다. 성장하지 않는 삶은 비록 몸은 살아있지만 정신은 죽은 것이나 다름없다.

누가 봐도 부러울 많은 재산과 높은 지위를 가진 사람들이 불행하다고 하는 경우, 아마도 오래전에 자기성장을 포기했기 때문일 것이다. 성장은 새로운 것들을 받아들일 때 이루어진다. 그런데 이미 뭔가를 이룬 사람들은 자신의 성공경험에 도취해 자신만 옳다는 편견에 사로잡히게 된다. 지나친 자신감이나 오만이 새로운 것을 배우고 받아들이는 것을 방해해 스스로의 삶을 보다 의미 있게 만드는 정신적 성장을 방해하는 것이다.

**PART 2** ◆

# 나는
# 트래픽 디자이너다

할 수 있는 것이라고는 오로지 꿈에 매달리는 것 뿐
나중에 후회하는 일이 없도록 매 순간 최선을 다했을 뿐이다.
결코 포기 하지 않은 희망.
당신이 정한 길을 따라 뒤돌아보지 말고 밀고 나가자.
사람 일은 앞으로 어떻게 될 지 알 수 없으니
나중에 후회하는 일이 없도록
매 순간마다 최선을 다해 노력하라.
꿈은 진정한 삶의 원동력이다.
꿈 꿀 수 있는 이상으로 꿈을 가져라.
그리고 쉼 없이 노력하라.
꿈을 갖고 도전하라.
내게 일어난 일이
당신에게도 일어날 수 있다는 희망을 가져라.

— 폴 포츠 Paul Potts

**CHAPTER1**

# 내 꿈은
# 트래픽디자이너다

Nicolas Mu-ray Baltor

세상에는 세 종류의 사람이 있다.
창조하는 소수, 그것을 구경하는 사람,
무엇이 창조되는지 모르는 사람이다.

　　　　　내 직업을 트래픽 디자이너 Traffic Designer라고 말한 이유는 종합 물류가 바로 최고로 합리적인 운송방법을 창조적으로 기획하고 실행하는 일이기 때문이다.
　예를 들어, 우리가 서울에서 부산으로 이동한다고 가정해 보자. 제일 간단한 방법은 자가용을 직접 운전해서 가면 편하다. 하지만 그렇게 하면 경비가 비싸진다.
　그래서 대중교통을 이용하는 대안을 생각하게 되는데 그런 경우 어떤 경로로 갈 것인지 집을 나서는 순간부터 고민을 하게 되는 것이다.
　집을 나서 도보로 가장 가까운 지하철역에 도착하고 지하철역에서 표를 끊고 지하철로 이동해 고속버스 터미널에 도착한다. 그런 다음 고속버스표를 끊고 고속버스로 이동해 부산버스터미널에 도착해서 택시를 타고 최종 목적지까지 움직인다는 계획을 세웠다.

방금 말한 것처럼 사전에 기획된 절차대로 우리는 이동을 하게 되는데 화물도 이동하기 위해서는 이러한 기획된 절차가 필요하다. 이런 화물의 이동 과정을 설계하고 진행하는 것이 트래픽디자인이다.

트래픽디자이너는 화물을 대신해 표도 끊고 이동하는 교통편도 섭외한다. 우리는 화물에 생명을 불어넣어 화물이 사람처럼 배를 타고, 비행기로 갈아타고, 다시 트럭으로 이동하는 여행의 여정을 인도한다.

### 내 꿈은 트래픽디자이너다

내 꿈은 훌륭한 트래픽디자이너 Traffic Designer 다. 트래픽디자이너는 한 마디로 무역하는 사람들을 위해 물류物流를 기획하고 실행하는 사람이다. 하지만 트래픽디자이너라는 단어는 나에게 다른 의미다.

그것은 나의 꿈이자, 초심을 지키는 기준이다. 트래픽디자인을 하다 보면 앞서 말한 일화처럼 내 삶을 풍부하게 해주는 멋진 계기들도 덤으로 만나게 된다.

어쩌면 그래서 내가 트래픽디자인을 사랑하는지도 모르겠다.

### 트래픽디자인이 대한민국의 미래를 견인한다

우리나라에는 무역하지 않는 사람이 없다. 자신이 무역업에 종사하지 않아도 그런 직업을 가진 주변 사람들을 한두 명 정도는 알고 있다. 그래서 나는 그 사람들 모두가 우리의 고객이 될 수 있다고 생각한다. 물류 사업의 구조를 잠시 살펴보면 물류 사업은 항구나 공항을 중심으로 수입과 수출이 이루어진다. 항구와 항구, 공항과 공항을 배나 비행기가 일정 구간을 오가며 화물을 싣고 다닌다. 이것을 우리는 선적이라 표현한다.

그런데 수출하기 위해서는 생산자 공장에서 항구까지 물건을 가져오는 내륙운송이 필요하다. 보통 이 구간에는 트럭이나 기차 등이 사용된다. 이렇게 이동한 물건은 항구에서 배로 옮겨 태워진다.

반대로 수입국의 항구에 도착하면 물건은 다시 수입자 공장으로 이동하는 육상 운송수단으로 옮겨 태워진다. 여기에 나라와 나라사이의 무역에는 통관이라는 절차가 더해진다.

사람이든 화물이든 수출시 진행되는 통관은 쉽지만 자국 상품을 보호하고 자국민의 건강 보호를 위해 수입통관은 절차가 복잡하고 까다로운 편이다. 통관은 우리가 외국의 공항에 도착하기 전에 작성하는 입국신고서를 생각하면 이해하기가 쉽다. 이러한 입국신고를 화물도 똑같이 적용한다.

하지만 물류의 변수는 육상운송수단을 통해 항구로 이동해온 화물이 바로 출항하는 배로 연결되지 않는다는 것이다. 즉 수출 통관을 진행한 후 일정공간에 보관을 하게 된다. 이는 마치 우리가 비행기를 타기 몇 시간 전에 대기를 하는 것과 같다. 이 과정이 어떤 경우 2일이 걸릴 수도 있고, 길어질 경우 5일이 소요되기도 한다. 즉 원활한 물류수송을 위해서는 신고절차와 선적과정, 보관할 수 있는 창고들이 필요하다. 이것은 수입과 수출이 이루어지는 양국에서 중복해서 거쳐야 하는 절차다.

항구에 도착한 화물들은 정해진 구획 내에 체계적으로 정리된다. 보통

화물들은 창고에 보관되는데 지붕이 있는 곳을 창고라 하고, 지붕이 없는 곳에 보관하는 것을 야적이라 한다.

야적이나 창고 모두 마치 도서관에 책을 정리하는 절차처럼 구획이 정해져 있다. 화물도 체계적인 입고 및 정리절차를 거친다. 이렇게 정리된 화물은 다시 화물목록과 실제 물건이 일치하는지를 검사하게 되는데 이것이 장치확인이다. 장치확인은 특정물건이 다른 물건으로 바뀌는 것을 예방한다.

특히 수입을 하는 경우에는 장치확인 절차가 더욱 엄격히 적용된다. 왜냐하면 과거 물품의 수량이나 품목을 적당히 속여 들어오는 사례들이 있었기 때문이다. 이렇게 장치확인 과정에서 한 번, 그리고 통관을 하는 과정에서 다시 한 번 화물의 품목과 무게와 부피를 정확히 확인한다.

여기서 글로벌 네트워크로 연결되어 있는 에이전트의 중요성이 다시 한 번 부각된다. 한국에서 수출한 화물이 상대국에서도 동일한 통관과 장치확인 절차를 거치게 되는데 국내에서 처리하는 경우 '우영'의 시스템과 인력이 투입되지만 해외에서 처리되는 경우 파트너십을 맺고 있는 에이전트의 도움을 받을 수밖에 없기 때문이다.

이러한 일련의 과정은 선하증권船荷證券의 발행을 통해 결제방법과 물품의 수량과 무게, 운송방법 등을 일괄적으로 처리한다.

또 하나의 모델은 대규모 화물이 아닌 소형화물이나 물건의 샘플, 서류 같이 주로 급히 전달되어야 하는 물건들이 오가는 물류 영역이다. 이를 보통 쿠리어 서비스Courier Service라고 하는데 쉽게 표현하면 국제적인 퀵 서비스Quick Service다. 세계적인 기업인 DHL을 생각하면 이해가 쉽다.

우리 회사는 김포사무실에서 쿠리어 서비스를 담당하는데 신속함을 요하므로 주로 항공편을 이용해서 나라와 나라 사이를 오간다. 그래서 가끔 길거리를 지나다 보면 우영의 마크가 있는 우리 회사의 탑차를 보기도 한다. 쿠리어 서비스는 이런 픽업$^{Pick-Up}$차량을 이용해 고객의 물건을 수거하고 배달한다.

나머지 한 부분이 앞서 말한 야적과 창고의 운영 부문이다. 과거에는 '우영'도 창고 운영을 하였지만, 최근에는 채산$^{採算}$이 맞지 않아 사업부문을 많이 축소했다. 사실 창고 운영이라는 것은 화물이 체류하는 시간이 많아야 창고비가 올라가 채산이 맞는데 우리나라 물류 시스템이 예전에 비해서 빨라지면서 채산이 맞지 않게 된 것이다.

세계적인 종합물류회사가 우리나라에도 탄생하려면 물류에 대한 전문교육을 진행하는 학습인프라가 구축되어야 한다. 최근 전라남도 광양의 네덜란드국제물류대학$^{STC\text{-}Korea}$이 설립되었고 인하대학교의 아태물류학과가 타과에 비해 인기가 매우 높아졌다. 그 외 대학과 대학원, 나아가 고등학교까지도 물류학과가 생기고 있다.

내가 처음 물류를 배울 때에는 교재나 전문 교육 기관이 없어 혼자 어깨너머로 배워 하나씩 물류 프로세스를 가시화했다. 그때에 비하면 우리나라에도 이제 트래픽디자이너를 배출하는 체계적인 교육시스템이 생겨난 셈이다.

**CHAPTER2**

# 우영의 약속에는
# 예외가 없습니다

**Steven Jobs**

그레이엄 벨이 전화를 발명할 때 시장조사를 했느냐 말이다!
천만의 말씀, 내가 바라는 것은 오직 혁신이다.

      '우영' 같은 회사의 거래처를 보통 '하주荷主'라고 하고, 그분들에게 운송서비스를 제공하는 우리 회사 같은 기업을 커먼 캐리어Common Carrier라고 한다.
      커먼 캐리어는 다시 VOCC Vessel Operating Common Carrier와 NVOCC Non Vessel Operating Common Carrier로 구분되는데 VOCC는 NVOCC와 운송계약을 체결하고 자신의 운송증권B/L을 발행해 NVOCC에게 주는 회사를 말한다.
      이에 반해 운송 수단을 보유하고 있지 않은 NVOCC는 해상운송, 항공운송, 내륙운송 등 하드웨어적인 운송을 VOCC에게 의뢰하되 운송의 처음부터 끝까지를 디자인하는 회사다.

'우영'은 NVOCC에 해당하는데 NVOCC의 경쟁력 중 중요한 것이 가격경쟁력이다. 예를 들어 한 달에 컨테이너 천 개를 사용하는 NVOCC와 백 개를 사용하는 NVOCC에 대해 VOCC가 제시하는 가격조건이 다르다. 또 NVOCC가 한 달에 트럭을 몇 대 사용하느냐, 또 어떤 결제조건으로 대금을 지불하느냐에 따라 가격경쟁력에 차이가 난다.

더불어 일시적인 물량거래냐, 꾸준히 정기적인 물량을 확보해 주느냐에 따라서도 가격에 차이를 가져온다. 우리 회사는 정기적인 대량 물량을 VOCC에 의뢰하고 결제도 현금결제조건을 제시하다보니 NVOCC 중에서는 국내 최고의 경쟁력을 자랑하는 것이다.

물론 물류의 경쟁력이 물량이나 대금결제 조건에 국한되는 것은 아니다. 사실 가장 중요한 것은 기업의 신용이다. 예를 들어 좋은 가격으로 견적을 산출했다 하더라도 특정 운송구간에서 컨테이너를 확보하지 못한다거나 마지막 육상운송과정에서 충분한 트럭을 확보하지 못한다면 낮은 가격도 아무런 경쟁력이 되지 못한다.

그래서 한마디로 물류物流는 '서비스는 올리고 가격은 내리는 것이다.' 그리고 이 말을 지키게 해 주는 유일한 방법은 신뢰와 신용이다. 지금껏 많은 기업들이 '우영' 과 장기거래를 하는 이유 또한 바로 우리의 신용에 있다.

'우영의 약속에는 예외가 없습니다.'

즉, 우리 회사의 캐치프레이즈는 우리가 하는 서비스의 처음과 끝을 말해준다. 여기에 하나를 덧붙이자면 '오랜 기간' 을 들 수 있다. 만약, 갑자기 운송해야 하는 물량이 엄청나게 늘어난다면? 그렇다고 배를 갑자기 건조하거나 비행기를 빨리 만들어낼 수는 없다. 즉, 운송수단은 한정되어 있는데, 갑자기 물량이 많아지면 스페이스를 확보하는 비용이 늘어난다. 한편 우리는 화물을 선적할 수 있는 공간을 일컬어 스페이스

Space라고 부른다. 성수기 때 여객기 운임이 높아지는 것을 생각하면 이해가 쉽다.

이런 경우 '오랜 기간' 이라는 강점이 힘을 발휘한다. 우리는 '오랜 기간'의 힘을 바탕으로 VOCC와 협상을 이끌어낸다. 즉 컨테이너 선적가격을 높이려는 의도는 최소화하고 늘어난 물량을 운송할 스페이스선박이나 항공기, 트럭를 신속히 확보한다.

우리가 매일 아침 VOCC Vessel Operating Common Carrier와 확인 전화를 하는 이유다. 물론 사전에 예약이 되어 있지만 혹시 누락되거나 늘어난 화물이 있는지 서로 교차확인 交叉確認, Cross-Check을 하는 것이다.

"우영에 오늘 예정대로 컨테이너 작업이 있습니까?"
"우영에 오늘 트럭을 예정대로 배정할까요?"
"밤사이 트럭 다섯 대가 갑자기 더 필요한데 가능하겠습니까?"
"당연히 우영부터 드려야지요."

이처럼 고객이 원하는 것을 제때에 제대로 공급해주는 것이 바로 서비스의 본질이다. 이것이 스페이스 제공이다. 그동안 신용을 쌓아온 전통 고객의 중요성, 우리 업종에서는 스페이스가 많은 것을 얘기해 준다. 그래서 우리는 오늘도 안정적인 가격과 스페이스Space를 위해 노하우를 발휘하고 있다.

### 열정을 가진 사람만이 브랜드를 만든다

사람들은 외부에서 민감한 자극이 오면 그것을 느끼지 못하거나 오히려 저항하려 안간힘을 쓴다. 하지만 자신만의 브랜드를 만들기 위해서는 고감도 센서Sensor를 장착해야 한다. 낮은 주파수의 자극에도 예민하게 반응할 수 있도록 스스로를 더욱 분발시켜야 한다. 자신의 일에 가치를 부여하지 못한다면 브랜드는 창조될 수 없다.

만약 어떤 상품의 제조목적이 이익을 남기겠다는 차원을 넘어 고객이 존중하는 세계 최고의 명품을 만들겠다는데 있다면 승리는 예견된 일이다.

차만 타면 멀미를 하는 사람도 자신이 운전을 직접 하면 멀미를 하지 않는다. 그러므로 브랜드를 창조하기 위해서는 경영자 입장에서 어떻게 일을 처리할 것인가를 늘 떠올려야 한다.

2002년 한국축구가 이탈리아 축구를 이긴 비결이 무엇인가? 여는 쪽이 닫는 쪽을 항상 이긴다. 열정적인 사람만이 자신만의 브랜드를 만든다. 사람은 무슨 일이든 현재에 몰입할 때 자신의 능력을 마음껏 발휘한다. 오직 몰입해야만 열정을 쏟을 수 있고, 미련도 남지 않게 된다.

목표를 달성하는 사람들은 가장 중요한 일을 가장 먼저 해야 한다는 평범한 진리대로 실천한다. 그래서 두 번째 중요한 일은 첫 번째 중요한 일을 위해 과감히 잊어버린다. 그렇지 않고서는 아무것도 이룰 수 없다.

시간은 독특한 자원이다.

자본은 구할 수 있고, 우수한 파트너도 쉽진 않지만 노력하면 얻을 수 있다. 하지만 시간은 타인에게 빌리거나 고용하거나 구매하거나 더 많이 소유할 수 없다. 더욱이 시간은 소멸되는 것이기 때문에 저장하는 것도 불가능하다.

시간은 대체 불가능하다. 시간은 대체제가 없다.

CHAPTER3

# 전 세계 고객들이 우리를 기다리고 있어!

Nana Mouskouri

위대한 가수를 만드는 것은 목소리가 아니라 심장이다. 같은 노래를 천 번 불러도 그때마다 단어 하나하나를 느끼며 불러야 관객이 운다.

'우영'의 고객은 수출을 하거나 수입을 하는 무역회사다. 그런데 일부 무역회사는 어느 날 갑자기 회사 문을 닫고 사라져버리기 때문에 어떤 경우 우리들도 꽤 애를 먹는다. 그럴 때면 나는 직원들에게 무역과 물류라는 시장이 좁은 것이 아니라 아직도 우리가 갈 곳이 많다고 얘기를 하며 달랜다.

"전 세계 고객들이 우리를 기다리고 있어!"

본격적인 FTA 시대가 되면 물류의 경쟁력은 새로운 곳에서 창조될 것이다. 수출입시 통관절차는 많이 완화되겠지만 원산지 증명과 같은 심의 절차가 강화될 것이다. 즉 정직이 더욱 물류회사의 경쟁력이 될 것이다.

내가 물류를 트래픽 디자인Traffic Design이라고 하는 이유는 물류 경쟁력이 바로 화물의 종류에 따라 차이가 나기 때문이다.

예를 들어 어떤 화물은 정해진 시간 내에 정확히 배송하는 것이 중요하고, 어떤 화물은 빨리 도착하는 것이 생명이다. 또 어떤 화물은 파손되지 않고 안전하게 도착하는 것이 핵심이다. 그러므로 특정 화물이 이동하는데 있어 시간을 단축시키고, 항구나 공항에서 최단시간 체류하며 다시 육상 운송수단으로 옮겨 이동하는 전체적인 이동 계획을 기획하는 것이 노하우인 셈이다.

비용을 줄이기 위해서는 라인Line이라 불리는 정기선에 태워야 하고, 배송속도를 생각하면 비행기로 운송하는 시스템으로 갈아타야겠지만 어찌 보면 비용만 생각하면 보세창고에서 며칠 보관한 뒤 합동화물서비스Consolidation Service를 이용하는 것이 경비절감에 도움이 되기도 한다. 이러한 모든 과정이 종합적인 트래픽 디자인에 포함된다.

물류의 경쟁력을 경영의 측면에서 보면 스페이스 양을 신축적으로 조절할 수 있는 능력이 필요하다. 물론 예약이라는 전산화된 시스템으로 스페이스를 늘이거나 줄이는 것을 탄력적으로 조절할 수 있지만, 문제는 스페이스란 것은 한정된 것이기 때문에 물량이 갑자기 늘어났다고 해서 선박회사로부터 스페이스를 갑자기 더 확보하기는 힘들기 때문이다.

즉, 전체 스페이스는 고정인데 우리 회사로 배정되는 공간을 늘렸다 줄였다하는 노하우가 필요하다.

예를 들어 우리와 신규 거래를 원하는 선박회사가 비수기에 매월 컨테이너 20개를 싸게 공급하겠다는 제의를 했다고 가정해보자. 그런데 중요한 것은 비수기 때 컨테이너 20개를 싸게 공급받는 것도 중요하지만 '성수기 때 컨테이너 50개를 안정적으로 공급하겠다.' 는 확약을 동시에 하지 않으면 거래가 성립되지 않는다는 것이다. 내가 "성수기 때 컨테이너도 50개를 안정적으로 공급하겠다는 말이죠?"라고 반문하면 대부분의 영업 담당자들은 주저주저하다 상부에 보고해 보겠다는 말을 남기고 자리를 떠난다.

트래픽 디자인은 화물이 가진 특성을 파악해 고객과 상담하고, 그것이 배달되는 경비와 시간을 조절하는 것이다. 그런데 VOCC Vessel Operating Common Carrier의 경우 자기 회사가 다니는 특정 구간만을 조율하는 노하우만을 보유하고 있다.

그러므로 우리는 서비스 구간이 다른 수많은 VOCC들을 공부해 우리의 고객이 원하는 지역까지 차질 없이 운송 주선할 수 있어야 한다. 그래서 '우영'의 영업사원은 지금도 내가 직접 훈련시킨다. 나는 우리 직원들에게 고객과 사전약속 없이는 외근을 하지 말라는 원칙을 세워준다. 즉 먼저 거래처와 방문약속을 한 후 대상 제품에 대한 특성을 미리 공부해야 한다는 것을 강조하는 편이다.

## 신뢰는 삶의 접착제가 된다

브리검 영 대학의 케리 패터슨 Kerry Patterson 교수가 쓴 『균형의 리더십』을 보면 HP의 공동 창시자 빌 휴렛의 일화가 나온다.

휴렛이 어느 날 늦게까지 사무실에서 일을 하다 우연히 복사기를 켜고 나가게 되었는데 복도의 끝을 돌아서려는 순간 당직근무를 하던 여인이 뒤에서 "여보세요! 복사기가 켜져 있잖아요!"라고 소리를 쳤다. 휴렛은 즉시 되돌아가서 복사기를 끄고는 여인에게 고맙다고 인사를 했는데 여인은 이런 식으로 비용을 절감하는 것이 회사의 재무 상태에 얼마나 중요한 기여를 하는지 잔소리를 늘어놓기 시작했다.

그는 참을성 있게 끝까지 듣고는 다시 한 번 사과를 한 뒤 다시는 이런 일이 없을 거라고 약속까지 했다. 그 다음 주 회사 야유회에서 휴렛은 연설을 하게 되었는데 그 여인은 그날 만났던 사람이 휴렛이라는 사실을 알게 된다.

그날 이후 그녀에게 그날의 일화를 전해들은 많은 사람들은 빌 휴렛이 진정으로 직원과의 대화에 가치를 두고 있다는 확신을 가지게 되었다. 휴렛은 대화를 위해서 자신의 지위를 내려놓기부터 한 것이다.

리더가 자신의 약점을 기꺼이 보여주고 위험을 감수할 때 사람들은 리더를 이해하고 인정하게 된다. 신뢰는 삶의 접착제가 되어 모든 관계를 지탱해 주는 원칙이 된다.

### 잘하는 것에 집중하라

일본의 작가 우에 마에 준이치로가 『다 잘할 필요는 없다』를 보면 스테플러 Stapler 하나로 세계를 석권한 에트나의 사장 에비하라의 사례가 나온다. 그는 와세다 대학 수학과를 졸업하고 큰 문구회사에 입사했다. 그리고 곧 사장의 인정을 받아 사장의 조카딸과 결혼까지 했다. 장차 간부자리가 약속된 창창한 출발이었다. 아닌 게 아니라 30대 안팎에 이례적으로 이사가 된 그는 곧바로 공장장이 되었고 기고만장해졌다. 하지만 55세의 사장이 간경변증으로 갑자기 세상을 떠난 것이다.

"주위의 태도가 일시에 변하지 뭡니까. 어제까지만 해도 네네 하고 굽실거리던 놈들이 무얼 물어도 대꾸도 하지 않는 거예요."

이렇게까지 인심을 잃었단 말인가, 뉘우쳐도 보았지만 이미 때는 늦었다. 도저히 회사에 나갈 수 없어 결국 그만두었고, 그때 에비하라의 나이는 34세였다.

"그만두면 무엇을 하겠다는 계획이 있지도 않았어요. 그나마 알고 있는 것은 사무기기와 문구뿐이었으니까요. 더구나 혼자서 무얼 꾸려나갈 자금도 없었지요."

자금이 없으니 책상이나 의자 같은 큰 상품에는 손도 댈 수 없었다. 그렇다고 사인펜 같은 작은 물건을 만들자니 화학 지식이 없었다. 결국 가장 간단해 보이는 스테플러가 떠올랐다. 그는 근무했던 직장의 부하와 거래처의 아는 사람을 모아 스테플러 만드는 회사를 설립했다. 자본금은 300만 엔이었다. '에트나'라는 회사명은 그때 붙여졌다. 하지만 웬만한 이득이 없는 한 유통 업자가 신참자의 물건을 팔아줄 이유가 없었던 것이 당시 일본의 업계 관행이었다. 그렇다고 포기할 수는 없었다. 일본에서 못 판다면 다른 나라가 있었다. 그래서 미국으로 가져갔더니 그들은 흔쾌히 물건을 사주었다.

"미국은 역시 합리적이더군요. 품질 좋고 값만 싸면 이름 없는 상표라도 사주었으니까요."

눈이 번쩍 뜨이는 것 같았다. 서둘러 제품을 보냈더니 점점 더 많이 팔리기 시작했다. 다음에는 스테플러 날을 만드는 전문가를 스카우트해 종이 230매를 한꺼번에 찍을 수 있는 세계에서 가장 강한 날도 개발했다. 두께 4밀리의 철판 두 장을 뚫을 수 있는 건축용 초대형 스테플러의 개발에도 성공했다.

그까짓 스테플러라고 무시해서는 안 된다.

여기에는 마케팅 전략에서 고도의 기술까지 뭉뚱그린 현대 기업전쟁의 축소판이 들어있는 것이다.

### 미래를 이루는 것은 노력이다

사람들이 게으름에 빠져드는 것은 어찌 보면 목표의식이 없어서다. 목표하는 지점이 없기 때문에 배가 바다에서 표류할 수밖에 없다. 그리고 그러한 게으름은 우리의 결심을 뒤로 미루고 핵심적인 것에 집중하지 못하게 한다.

머리 좋은 사람들은 종종 창조성과 분방함을 혼동한다.

그들이 그렇게 시간의 게으름 속에 빠져있는 동안 다른 사람들은 동화 속 거북이처럼 한 발 한 발 앞으로 나아가 결국 목표 지점에 먼저 도달한다.

만약 목표달성 능력이 예술적 재능처럼 타고나는 것이라면 어찌할 도리가 없다. 하지만 미술의 대가 피카소 역시 자신이 훌륭한 화가가 될 수 있었던 것은 하루하루 멈추지 않고 조금씩 그림을 그렸기 때문이라고 말하지 않았던가? 하루하루 조금씩 붓에 물감을 묻혀 채우는 노력 없이는 인생은 그저 하얀 캔버스로 남는다.

**CHAPTER4**

# 원가에
# 약속비용을 넣어라

Dale Carnegie

아무리 보잘 것 없는 것이라 하더라도 한 번 약속한 일은
상대방이 감탄할 정도로 정확하게 지켜야 한다.

        24시간 일하는 기업의 체제가 몇 년 전 국내 대기업을 중심으로 도입되었다. 소위 실시간 기업 RTE: Real-Time Enterprise 을 말하는 것인데 미국에 금융 IT산업이 융성했던 시절 뉴욕의 칵테일 바에서 컨설턴트가 고객과 술을 마시는 동안 인도에 있는 지사에서 실시간으로 자료 조사를 해 술자리가 끝나기 전에 관련 자료를 보내주는 글로벌 업무 협력시스템이다.

    술자리를 마칠 무렵 고객이 "오늘 얘기한 사항을 정리해서 보고서로 보내주는데 언제면 되죠? 내일 아침에 받아볼 수 있을까요?"라고 물어볼 때 "보고서는 이미 고객님의 이메일로 송부되었습니다."라고 놀라운 대답을 하는 시스템이다.

그 정도까지는 아니지만 우리 '우영'의 서비스도 글로벌 에이전트Global Agent와 협력해 경쟁사보다 한 단계 높은 서비스를 제공한다. 물류사업이 전 세계를 대상으로 진행되다보니 매일매일 정보의 흐름을 놓치지 않는 것이 중요하다. 보통 퇴근을 할 때 주요 정보를 검토해 함께 일하는 전 세계의 에이전트agent에 송부하는데 우리나라가 밤인 시간에 지구반대편 에이전트는 근무를 하므로 우리가 잠든 사이 정보를 서비스양식에 맞춰 우리에게 다시 가공해 보내온다.

그러면 밤새 파악된 정보를 우영의 커스터머customer에게 아침 일찍 보내면서 하루일과가 시작되는 것이다.

어떤 경우는 고객이 밤늦게 정보를 요청했는데 아침이 되자마자 그것에 대한 피드백을 보내주니 신기해하기도 한다.

이렇게 우영의 서비스는 밤에도 중단되지 않는다.

전 세계 에이전트들 또한 우리와 거래하기 위해서는 그리고 경쟁업체들보다 비교우위에 서기 위해서는 상호 합의한 원칙대로 즉답을 해야 한다. 이처럼 물류사업은 세계지도를 펼쳐놓고 항상 시차에 예민할 수밖에 없다. 예전에는 유럽 물량이 많아 밤늦게까지 일하는 경우가 많았다. 요즘은 시차가 많이 나지 않는 동남아 특히 중국, 베트남 등지의 물량을 주로 취급하다 보니 예전보다 좀 편해졌다. 중국은 한 시간, 베트남은 두 시간 정도 우리나라보다 시간이 늦다. 그러니 중국사무소가 출근하는 오전 9시면 우리나라 시간으로 오전 10시가 되므로 일과시간 중에 업무를 처리할 수 있다.

## 약속에 원가비용을 넣어라

우리 회사도 '원가에 약속비용을 넣어라'는 말을 경영방침 중 하나로 채택해 실천하고 있다. 소위 리스크 비용이라는 것을 전체 회사의 일반 관리비에 셈해 넣어 놓고 있다. 물론 약속을 지키기 위해서는 원칙에 입각해 일하는 것이 가장 우선이다.

사업 초창기부터 유럽 에이전트들과 함께 일하다보니 그들의 장점을 배워 우리 회사에 적용한 것이다. 우리가 어떤 일을 하건, 조금 오래 거래를 하다보면 서비스의 질이 떨어지곤 하는데, 유럽 사람들은 한결같은 서비스의 질을 유지한다. 그 비결은 매뉴얼 경영이다.

다시 말해 게이트 키퍼 Gate Keeper 단계가 있어 업무 단계별로 확인할 수 있는 절차가 많다. 그런데 우리나라 문화는 인수인계다, 교육이다 하면서도 사실 형식적인 것에 치우치기만 하고 자신의 업무 노하우를 남에게 넘겨주는 것을 아까워하는 풍토가 있다.

그래서 '우영'에는 우리 일의 세부적인 사항까지 모두 기록으로 남겨 업무를 체계화했다. 이것이 업무 매뉴얼이고, 그 업무 매뉴얼에 입각해 일을 처리하는 것이 우리 회사의 가장 큰 장점이다. 처음에는 수작업으로 내가 직접 매뉴얼을 만들었다. 업무 양식도 하나하나 손으로 그리고, 업무 프로세스도 하나씩 정비했다.

아직까지 물류업계의 문화는 대부분 업무를 말로 처리하는데 그렇게 하다 보면 말을 전달하는 과정에서 오해가 생기기 십상이다. 그리고 그 오해는 서로의 이해관계가 상충되기 때문에 결국 좋지 않은 결론으로 치닫게 된다. 즉 서비스를 판매하는 사람들이 고객에게 책임을 넘기는 경우가 생기는 것이다. 이런 폐단을 막기 위해 업무의 과정을 도식화하기 시작했는데 실제 업무를 진행하면서 업데이트를 해 이제는 표준화된 프로세스가 정립되었다.

  앞서 말한 것처럼 운송에 있어 책임소재가 불분명하게 되면 결국 그 피해는 고객에게 먼저 돌아간다. 고객이 할 수 있는 가장 큰 일은 그 NVOCC와 거래를 중단하는 것이지만 벌써 그 고객은 엄청난 손실을 안은 후다. 하지만 말로 대충대충 넘어갔기 때문에 운송 회사에게 손해배상을 청구할 근거도 없다. 매뉴얼에 입각해 일하지 않으면 결국 그 손해는 고객에게 돌아간다.

## 우영은 고객의 마음까지 날라드립니다

  우리도 업무를 처리하다 보면 항공기, 배, 기차, 트럭 등 소위 하드웨어를 가진 회사의 문제로 인해 약속지연이 발생하기도 한다. 하지만 '우영의 약속에는 예외가 없습니다.' 라는 회사의 슬로건이 말하듯이 이런 경우 우리는 변명 대신 어떤 식으로든 먼저 문제를 해결하려 노력한다.

  비결은 간단하다.

  하드웨어 회사로부터 운송 정보를 전달받자마자 담당하고 있는 우리 회사 직원과 '우영'이 책임지고 신속히 고객에게 정보를 전달한다. 비행기 스케줄이 변경되어 물건선적이 지연된다거나 배가 오늘 운항하지 않는다는 정보를 빨리 고객에게 전달하기만 해도 고객은 충분히 지연된 일정을 반영한 예방책을 만들 수 있다. 그런데 일을 미루어 놓고 있다가 때를 놓친 후, 갑자기 운송 일정이 변경된 것을 통보하게 되면 고객의 입장에서 모든 것이 엉망이 되는 것이다. 이러한 과정 역시 매뉴얼화되어 있다.

  이렇듯 구성원 개인의 신념과 역량뿐 아니라 업무 프로세스가 시스템으로 발전해 약속을 지킬 수밖에 없는 구조를 만들어 낸 것이다. 이렇게 어떤 경우에도 약속을 지키는 것이 문화로 자리 잡아야 회사의 브랜드가 성장한다는 것이 '우영' 가족 모두의 신념이다.

요즘 나와 우리 직원들이 실천하고자 하는 새로운 슬로건은 '우영은 고객의 마음까지 날라드립니다.' 이다. 즉 무형의 서비스를 제공해 유형의 물품을 운송하는데 그 물건이 안전하고 되도록 빨리 배달되었으면 하는 것은 모든 수출입자의 바람이다. 그 마음을 읽어서 그 마음까지 배달하게 되면 운송과정에서 발생할 수 있는 여러 가지 변수를 최소화할 수 있지 않을까 하는 마음에서 정한 슬로건이다.

**CHAPTER5**

# 지켜야 할 가치는 팔아서는 안 된다

Samuel Johnson

지식이 없는 성실은 허약하고 쓸모없고
성실이 없는 지식은 위험하고 두려운 것이다.

나는 트래픽디자이너 Traffic Designer 라는 내 직업을 천직으로 생각하고 있다. 그래서 일을 대하는 내 마음도 항상 원칙을 지키려고 노력한다. 운송을 하다보면 운송하기 쉬운 제품과 어려운 제품이 공존한다. 보통 소비재라 불리는 화물이 상대적으로 운송하기 쉽다. 하지만 누구든 자신이 보내는 화물이 경제적인 비용으로 가장 빠르고 안전하게 도착하길 원하기 때문에 소비재라 하더라도 사실 상당한 손이 간다.

다만 소비재는 특별한 문제가 발생할 소지가 상대적으로 적다는 것이다. 반면 원자재는 제 시간에 배송하지 않으면 생산 공장에서 상품을 만들 수 없다. 또 공장을 가동할 때 사용되는 연료 같은 것도 배송시간이 늦으면 당장 공장시설이 중단된다.

보통 우리가 프로젝트라고 말하는, 예를 들어 공장을 세울 때 상상할 수 없을 정도로 큰 시설재施設材는 공장의 뼈대가 올라가기 전에 미리 들어와야 하므로 그야말로 촌각寸刻을 다툰다.

이럴 때 진정한 트래픽 디자이너 Traffic Designer로서 역량이 발휘된다. 예전에 진행한 프로젝트 중에 2년 동안 3억 달러 이상의 자재資材를 운송한 적이 있었는데, 공사의 총책임자와 내가 며칠을 공정도 앞에서 씨름을 하며 공장을 짓는 과정과 거기에 필요한 물건을 운송하는 일정을 함께 맞추었다.

물론 운송을 하다보면 예상보다 늦어지는 경우가 종종 있다. 운송하는 사람의 책임뿐만 아니라 우리에게 운송을 의뢰하는 회사에서 문제를 일으키는 경우도 많다. 예를 들어서 수입하는 사람이 내부문제로 결재과정이나 자금에 문제가 생겨 발주 자체를 늦게 하는 경우도 있고, 당연히 발주가 늦어지면 자재를 보내는 수출자輸出者 쪽에서도 생산기간이 늘어나 문제가 발생한다. 발주가 제대로 이루어졌다 하더라도 수출자 쪽 내부 사정으로 인해, 즉, 자재가 부족하다든가 파업이 일어난다든가 하는 이유로 제때 생산을 못할 경우도 있다.

이렇게 돌발변수가 많이 발생할 경우 해결방법은 노력을 더하는 것 뿐이다. 운송회사는 무조건 운송에 소요되는 시간을 줄여야 하는데 설상가상雪上加霜으로 물건마저 규격화되어 있지 않고, 부피마저 거대하다면 그 심각성은 상상을 초월한다. 대형 화물은 배로만 운반이 가능한데 때론 한국으로 옮겨와야 하는 물건의 출발지가 핀란드 같이 먼 경우도 있다.

예전에 핀란드에서 특수 컨테이너를 운송할 때도 많은 어려움이 있었다. 핀란드에서 특수 컨테이너 10개 분량을 배로 실어 와야 하는 프로젝트였는데 수출인과 수입인 사이 협상시간이 길어지면서 시간이 너무 지체되었다. 공기 시간에 맞추기 위해서 그 화물들을 비행기에 실어 보내야만 했다. 더욱이 한국으로 오는 직항 비행기도 없었다. 여기서 아이디어를 현실로 이룰 노력이 필요해진다. 실시간으로 운송경로를 다시 설계하는 것이다.

나는 공사의 총책임자에게 물었다.

"언제까지 물건이 필요하십니까? 나에게 줄 수 있는 시간이 얼마인가요?" 그리고 미리 예약한 선박 스케줄을 모두 취소하고 그 시간에 맞춰 경로를 재설계했다.

먼저 물건을 핀란드 헬싱키 항에서 가까운 함부르크 항으로 배로 운반했고, 다시 특수 트럭으로 프랑크푸르트로 옮긴 후, 한국행 직항 화물 전용기로 인천공항까지 물건을 옮겼다. 그런데 한국으로 오는 비행기는 일주일에 한 번만 운항을 하는 경우가 있어 중간에 물건을 내리고 보관하는 시간이 길어지면 또 다시 비용이 증가했다. 이러한 모든 변수를 잘 계산해서 해외 에이전트에게 운송을 의뢰하고 한국에 도착하면 내륙 운송 수단인 특수 트럭에 곧바로 실어 공장으로 옮겨 시간과 경비를 절약했다.

아쉽게도 우리 업종에서도 이처럼 복잡한 문제가 생기면 일단 핑계를 대고 도망부터 가는 회사가 종종 있다. 어떨 때는 소위 문제가 이미 생긴 운송 건이 해결되지 않아 '우영'으로 넘어오기도 한다. 하지만 나는 이럴 때 오히려 승부근성이 발휘된다. 노력하고 고민하면 안 되는 일이 어디 있는가? 하는 생각에서 출발하는 것이다.

## 지켜야 할 가치는 팔아서는 안 된다

커뮤니케이션의 대가 정진홍 박사가 쓴 「감성 바이러스를 퍼뜨려라」를 보면 지켜야 할 가치에 대한 일화가 나온다. 이 책에서 지켜야 할 가치는 팔아서는 안 되는 것이라 표현하는데, 사람들은 뭐든 팔 수 있다고 생각하는 반면 필자는 결코 팔아서는 안 되는 것에 대한 이야기를 풀어놓는다.

포타-라모라는 인디언 노인은 매일 시장에 나와 좌판을 열고 양파를 판다. 어느 날 시카고에서 온 백인이 물었다.

"양파 한 줄에 얼맙니까?"
"10센트입니다."
"두 줄에는 얼맙니까?"
"20센드죠."
"세 줄 에는요?"
"30센트라오."

그러자 백인이 말했다.
"별로 깎아주는 게 없군요. 세 줄에 25센트에 파시죠."
"그렇게는 안 됩니다."

인디언 노인은 단호한 어조로 대답했다.
"그럼 여기 있는 걸 다 사면 얼마에 주시겠습니까?"

백인은 떨이로 사보겠다는 속셈이었다. 인디언 노인은 그 백인을 물끄러미 쳐다보며 말했다.

"그렇게는 팔 수 없습니다."
"왜 못 파신다는 거죠? 양파를 팔러 나오신 것 아닙니까?"
"나는 여기 양파만 팔려고 나와 있는 것이 아니라오. 난 지금 내 인생을 사려고 나와 있는 거요."

"나는 이 시장을 사랑합니다. 햇빛과 바람에 흔들리는 종려나무와 붉은 무릎 덮개의 화려한 색깔과 북적대는 사람들……. 여기서 그들을 만나는 것이 얼마나 즐거운 일인지 나는 날마다 느낍니다. 그게 바로 내 삶이지요."

진정으로 팔아서는 안 되는 것을 팔지 않을 수 있다는 것은 원칙에 충실할 때 만이다. 그래서 원칙이 중요하다.

## 미루나무는 태풍이 쓰러뜨리지 못한다.

미루나무는 태풍이 쓰러뜨리지 못한다. 그것은 오랜 시간 동안 땅 속 깊이 뿌리를 내리는 과정을 거쳤기 때문이다. 다른 나무들이 땅 위로 크는 일에만 혈안이 되어 있는 동안에도 미루나무는 어둡고 캄캄한 땅 속에서 견고한 뿌리를 내리기 위해 인고의 시간을 보낸다. 그리고 확실히 뿌리를 내리고 난 다음에야 비로소 자신의 모습을 세상에 드러낸다.

노래를 배우기 전에 말부터 배워야 한다.

세상의 모든 꿈은 단박에 이루어지지 않는다. 단지 꿈꾸고 노력하는 사람의 꿈만이 이루어질 뿐이다. 세상의 모든 일은 생각함으로써 시작되고 노력함으로써 성취를 이룬다. 그러므로 자신에게 엄격하면 인생은 그만큼 쉬워지고, 자신에게 너그러우면 인생은 다시 그만큼 고달파진다.

그래서 우리는 항상 실제 상황보다 혹독히 연습으로 스스로를 단련해야 한다. 그렇게 혹독한 연습을 거듭하다 보면 매서운 눈발에도 의연한 자태로 꽃을 피우는 매화처럼 우리는 강해진다.

**CHAPTER6**

# 고객이 고객을 소개한다

Richard Stern

내 안에는 모나고 울퉁불퉁하며 결정조차 내리지 못하는 자아가 있다.
하지만 내가 나의 주도권을 잡게 될 때,
그것들은 나의 좋은 재료가 된다.

1992년 3월 어느 날, 지금은 없어진 한 호텔 커피숍에서 나는 누군가를 기다리고 있었다. 먼저 그쪽에서 나를 만나자고 제안했기 때문에 그분은 반드시 오겠지만, 올 때까지는 조금 불안했다. 불안감은 호텔 종업원이 따라준 물을 여러 번 마시게 했고, 자꾸 담배에 손이 가게 만들었다. 그러면서도 그 담배를 다 피우기 전에 그분이 커피숍을 들어서면 어쩌나 하는 걱정에 한 쪽 눈은 계속 입구를 주시하고 있던 내 모습이 지금 생각하면 우습다.

그분이 자리에 앉을 때는 재떨이가 다시 깨끗이 비워져 있었다. 나도 화장실에서 옷을 다시 여미었기에 단정한 모습이라 생각했다. 그런데 그분은 이야기의 본론을 꺼내기도 전에 자꾸만 미덥지 못하다는 눈빛으로 나를 쳐다보았다. 40대 후반의 나이에, 좋은 인상을 가진 분이었다.

88년 서울 올림픽이후 우리나라도 수출 드라이브정책에서 벗어나, 수입을 하지 않으면 안 되는 나라로 바뀌고 있었다. 수출로 벌어들인 달러로 내수 경기부양책을 쓴 결과, 특히 건설경기가 매우 활발했는데 서민들의 주택문제를 시급히 해결하기 위해 아파트 200만호 건설 계획이 발표되어 당시 이슈가 되던 시기였다. 하지만 문제는 한꺼번에 쏟아진 건설 계획을 일정을 맞추기에 건설 장비들이 턱없이 부족했던 것이다.

1991년에 이어 92년에도 건설 중장비 수입이 활발했다. 수입국들은 미국·일본·독일 등이 주요 국가들이었는데, 다른 지역에서 수입품을 가져온다는 것은 당시로는 생소한 것이었다.

그분의 설명은 매우 간단했다.

트럭으로 보아지는 도면을 보여주면서 이런 장비를 오백 대 정도 이태리에서 구매하려는데, 과연 내가 이런 일을 처리할 수 있겠냐는 말투였다. 그분의 말투에 기분이 상하긴 했지만, 애써 웃음을 지으며 진지하게 설명을 시작했다. 그동안 그분이 만났던 우리 업종의 사람들은 나보다 경험이 풍부한 분들로 업계에서 유명한 사람들이었다. 그러니 그분 눈에 어리게만 보이는 내 모습이 얼마나 신뢰를 줄 수 있었을까? 하지만 나는 그 어느 때보다 자신감에 가득 차 있었다.

그분이 만나왔던 분들은 오랫동안 주로 수출업무만 처리해왔고, 수입업무는 잘 모르는 상황인데 비해 나는 비록 경력은 그분들보다 짧았지만, 물류업계에 발을 들여놓은 이후 줄곧 수입업무만 처리해 왔기 때문에 수입이라면 나름 자신 있었다. 더욱이 내가 가장 자신 있는 지역이지만 남들은 어렵다고만 하는 유럽이어서 더 해볼만 하다는 생각으로 열심히 설명을 했다. 당시 이태리에는 믿을 만한 파트너까지 있었고 나도 이태리를 세 번이나 다녀왔던 뒤라 이태리 지역의 풍부한 경험을 이야기하자, 그분은 점심 식사를 하자며 자리를 옮겼다.

그분이 근무하는 회사는 S중공업으로서 각 건설사에게서 콘크리트 펌프 트럭과 이동형 콘크리트 기계를 대량 수주해 놓은 상황이라 경험이 풍부한 포워더Forwarder를 찾고 있던 중이었다.

당시 나를 소개한 분은 나와 거래를 통해 알고 지내던 한 중장비 업체 사장님이었는데 그분과는 오래전부터 같은 업종에서 일하며 잘 알고 지내던 사이였다.

나를 만나기 전, 벌써 여러 사람들을 만나서 운송방법, 해상운임, 내륙운송 및 국내 수입 통관에 대한 논의를 진행해 왔던 그분은 우리 업무에 너무나 해박한 지식을 가지고 있어 나를 긴장시켰다.

워낙 많은 물량이라 풍부한 경험을 가진 분들이 먼저 영업을 진행해 놓은 상황도 내가 파고들어가기 힘들게 만들었다. 그런 내 속을 꿰뚫어 보는 듯 그분은 숨 쉴 틈도 주지 않고 사정없이 나를 몰아붙였다.

이태리에서 공장도 가격으로 구매함에도 불구하고, 지금 당장 가격을 결정하자는 것이었다. 통상 공장도 가격에 대한 현지의 내륙운송료를 파악하기 위해서도 이틀은 소요되는데 해상운임만 준비해온 나로서는 난감하기 그지없었다.

하지만 어쩔 수 없었다. 그동안 이태리 주요지역을 잘 알고 있는 터라 심사숙고 끝에 내가 가격을 제시하자 그분은 한동안 말이 없었다. 다시 한 번 내게 가격을 확인한 후, 정말로 제시한 가격으로 일을 처리할 수 있느냐고 오히려 되물었다.

순간 겁이 났지만, 나는 또렷하게 "가능합니다." 라고 대답했다. 점심 식사 중 반주가 몇 순배 돌고나자, 그분이 말을 조심스럽게 꺼내며 속마음을 털어놓기 시작했다.

다른 경쟁업체 분들은 가격 차이가 난들 기계 한대 당 미화 50불 정도 인데, 어떻게 나는 기계 한대당 미화 1,000불이나 쌀 수 있는지 물어보았다. 나와 반드시 거래를 한다는 전제하에서만 노하우에 대한 설명이 가능하다고 오히려 내가 당당함을 보였더니 그분은 약속의 징표로 손을 내밀었다.

나는 그분께 단 한 문장으로 설명을 끝냈다. "컨테이너에 이동용 콘크리트 기계를 적재할 때 바퀴를 뺀다면, 기계 높이가 낮아져서 일반 컨테이너를 사용할 수 있기 때문에 가격차이가 미화 1,000불 정도 납니다." 내 설명이 끝나기 무섭게 그분은 무릎을 치며 나를 칭찬했고 곧바로 계약서에 서명을 했다.

그 후 그분은 나와 약 10년 이상 거래를 했는데, 주변의 많은 지인들을 내게 소개시켜 주었다.

**CHAPTER 7**

# 버리고 내려놓는
# 사람만이
# 삶의 기회를 잡는다

**Bill Gates**

오늘날 성공은 지속적으로 다시 생각하고 활기를 띠고
반응하고 재창조할 수 있는 기민함과 추진력을 요구한다.

　　　　　　이태리 친구들을 배웅하고 시카고에서 L.A.행 비행기
에 몸을 싣고서야 안도의 숨을 몰아쉬었다. 비록 3박 4일의 짧은 일정동
안 진행된 출장이었지만, 내겐 하루하루가 길고 힘들었고 긴장의 연속
이어서 차라리 좁은 이코노미 등급의 비행기 좌석이어도 나 혼자 쉴 수
있는 공간을 기다려왔던지라 시카고에서 L.A.까지 비행하는 동안 모처
럼의 내 시간이 더욱 달콤하게 여겨졌다.
　2008년 4월에 개최되기로 했던 시카고 회의가 7월로 연기되었고, 또
다시 9월로 연기되었다 결국 12월에 개최되면서 어려서 읽은 '양치기 소
년'이 떠올랐지만 12월에 개최되는 회의에 참석하기 위해 무척이나 바

95

쁘게 일정을 만들었다. 시카고 회의 후 LA.에서 4박 5일 더 체류하면서 만날 분들과 약속을 정하는 일이 결코 쉽지 않았기 때문이다.

그날 시카고 회의는 이태리에서 2명, 한국에서 나 그리고 새롭게 우리의 네트워크 멤버가 된 시카고 에이전트Agent가 그해를 정리하고, 내년도 미국과 캐나다로 사업을 확장하는 중요한 의제를 다루기로 한지라 회의는 매일 아침 개최되었고, 오후에서야 시카고 시내를 둘러보는 일정으로 짜여있었다.

하지만 회의를 진행하는 도중이나 시내구경을 다닐 때도 내 머릿속은 한 사람과의 기억 때문에 집중력을 발휘하기 힘들었다. 내 머릿속에는 온통 LA. 후배의 전화내용이 맴돌고 있었다.

그를 처음 만난 것은 1987년 1월이었다. 내가 대학을 졸업 직전 들어간 첫 직장의 선임 사원이었던 그는 훤칠한 키에 미남자였다. 거기에 업무에도 능통했기에 남자인 내가 봐도 한 눈에 반할 정도였다. 우리는 같은 부서에서 일을 한지라 매일 회사에서 업무를 함께 했고, 저녁이면 부서원들과 어울려 이 술집 저 술집을 전전하며 미래를 함께 이야기했다. 그야말로 그 시절 우리는 형제 이상의 정을 나누었다.

전남 순천에서 치러진 내 결혼식에도 그는 한걸음에 달려와 축하를 해주었고, 그의 결혼식 때는 내게 함을 맡겨 주위 사람들의 시샘을 자아내기도 했다. 우리는 서로의 이삿짐을 옮기고, 집안의 애경사를 자신의 일처럼 임했기에 기쁨도, 슬픔도 함께한 사이였다.

그러다 우리가 함께 다니던 회사가 부도난 뒤, 우리의 우정은 한층 더 빛나는 듯 보였다. 우리 나이 서른 즈음에 함께 회사를 창업하기로 약속하고 어디서부터 시작해야 하는지를 논의하느라 생맥주 집에서 너무 늦었다며 쫓겨났던 날들 또한 며칠 밤이었는지 기억에 없다.

1989년 여름, 우리는 마침내 함께 만든 회사로 출근했다. 처음 걱정과는 달리, 사업초반의 어려움을 잘 견뎌내니 해가 거듭될수록 회사는 발전을 멈추지 않았다. 업계에서 '무서운 아이들' 이라는 별명까지 얻은 우리는 그야말로 승승장구했다. 하지만 내게는 회사가 잘되는 만큼 걱정도 커져 갔다.

출근도 엉망이고 씀씀이까지 헤픈 그를 두고 직원들 사이에 큰 동요가 일기 시작했고, 그런 동요는 결국 회사의 존재까지 흔들었다.

3년 이상을 묵묵히 참아온 나는, 아니 지금 와서 생각하면 참았다기보다 내게 주어진 일을 성공시키는 데만 몰입했던 나는 그동안의 우정을 믿고 매일 그에게 개선을 요구했다. 하지만 그로부터 2년이 더 지났는데도 그는 개선의 의지를 보여주지 못했고 스스로의 독선에 빠져 그의 앞에서 달콤한 말만 늘어놓는 직원들만 감싸고돌았다.

결국 나는 1994년 그와 결별을 선언하고 지금의 '우영'을 설립해 독립했는데 독립을 하고 2년 뒤, 그동안 알고 지냈던 해외 에이전트들로부터 그의 소식을 듣게 되었다. 우리가 자랑스럽게 만들었던 회사 상태가 극도로 악화되자 그는 식구들을 데리고 아무도 몰래 미국의 어느 도시로 도망갔다는 씁쓸한 소식이었다.

그로부터 16년이 지난 후, 나는 그의 소식을 고등학교 후배로부터 우연히 듣게 되었다. 그가 L.A.에 있는 내 후배의 사무실에 잠시 머물고 있다는 것이 아닌가!

4시간 40분의 비행 후, LA. 공항을 나선 나를 발견한 후배는 오랜만에 만나 건네는 인사치곤 당황하고 황망한 기색이었다. 후배는 내게 반갑다는 인사를 대충하더니 '내가 온다는 사실을 뒤늦게 안 그가 다급히 짐을 꾸리더니 어디론가 떠나고 말았다' 는 소식을 멋쩍어하며 전하였다.

지난 시간의 앙금을 잊고 그를 만난다는 사실만으로 기대를 가졌던 나 역시 약간의 실망은 했지만 그때가 아니라도 언젠가 그를 다른 곳에서 만나기를 진심으로 염원했기에 마음속으로 그가 어디에 있건 건강히 잘 지내기를 기원했다.

그리고 그의 안녕을 걱정하고 있는 내 마음을 알아챈 듯이 LA.의 햇살이 따뜻하게 나를 반겼고, 배고픈 우리를 알아차린 승용차는 미끄러지듯이 주차장을 빠져 나갔다.

## 버리고, 내려놓기

삶에 대한 두려움 때문에 기회를 놓치는 사람들이 있다. 그런데 그 두려움이란 도대체 무엇일까? 그것은 무언가를 잃지 않으려 하고, 놓지 않으려 하는 마음에서 생긴다.

그래서 버리고 내려놓는 것에 익숙하지 않은 사람은 겁이 많다. 반면 버리고 내려놓는 것에 익숙한 사람은 실패를 하더라도 다시 스스로의 삶에서 기회를 움켜쥔다. 나의 경우 이런 인생의 진리를 깨닫는 데 꽤 많은 시간이 필요했다. 하지만 준비하고 있는 사람에게는 어쩌면 아주 짧은 순간에도 재기의 기회가 올 수 있다.

그래서 힘든 시절을 겪어낸 우리의 경험은 훗날 큰 도움을 주고 또 다른 즐거움을 주기도 한다. 고난을 겪으며 얻게 된 재능으로 평생의 일을 찾는 사람도 적지 않다. 그러니 길게 보면 인생살이에서 쓸모없는 경험이란 없다.

# CHAPTER 8

# 사람이
# 기업 경쟁력의
# 핵심이다

### Steven Jobs

사람을 뽑을 때 제게 있어 가장 중요한 문제는
후보자들이 정말 애플과 사랑에 빠질 수 있느냐는 것입니다.

      어떤 경영자들은 회사에서 부여하는 육아휴직을 큰 비용이라고 말하는데 고객들에게 안정적인 서비스를 제공할 수 있는 이 점을 생각하면 육아휴직은 오히려 비용을 절감하는 것이라고 나는 생각한다.
      다시 말해 장기 근속자가 많으면 자주 "대외적으로는 우리 회사란 이런 회사입니다." 라고 설명할 필요가 없어지고, 대내적으로 고객에 대한 설명도 필요가 없어진다. 그런데 아무리 유능한 직원일지라도 새로 입사를 하게 되면 단기적으로 싼 임금으로 인해 눈에 보이는 이익이 생길지 모르지만, 고객들과 쌓아온 노하우가 없기 때문에 맞춤서비스, 즉 각각의 고객에 대해 일일이 파악해서 대응하는데 상당한 시간이 필요하게 되는 것이다. 그때 걸리는 시간 비용이 장기근속으로 노하우를 가진 직원의 급여인상분과 비교했을 때 후자가 훨씬 더 경쟁력이 있는 것이다.

특히 여직원들은 스스로도 결혼을 하면, 재생산 노동<sub>집안 정리, 청소, 출산, 육아,</sub> <sub>혹은 나이 드신 분 돌보기 등</sub>을 위하여 퇴사를 원하는 경우도 많고, 회사에서도 결혼할 때까지만 채용을 하려는 경향이 있는데 기업에서 출산과 재생산 노동에 대한 배려를 보장해 주면 계속 일하는 것도 그리 어렵지는 않다.

나는 경비절감 차원 때문에 장기근속 직원을 새로운 직원으로 교체하지 않는다. 대다수 회사들의 경우, 싼 급여의 신입사원으로 하여금 고객에게 서비스를 제공하다보니 불안정한 서비스가 나올 수밖에 없는 것이다.

사회 전체적인 측면에서 보더라도 이런 식으로 빈번한 신입사원 대체 풍토는 불안정한 서비스로 이어지고 결국 노하우가 있는 사람을 유휴인력으로 쫓아내다보니 세계적인 기업과 비교했을 때 경쟁력도 약해지는 것이다.

### 멘토링, 함께 성장하기

과거에는 우리 회사에 입사를 하게 되면 우리 스스로 만들어낸 자료를 토대로 먼저 교육을 시켰다. 반면 요즘은 물류협회에서 예절교육부터 시작해서 기초실무교육, 조금 더 진보된 실무교육을 진행하므로 새로 선발한 직원들을 이런 기관에 보내 우선 교육을 시킨다. 그 다음 우리 회사 내에 마련된 프로그램을 토대로 현장에서 실무를 진행하면서 교육을 하는데 일종의 멘토링<sub>Mentoring</sub> 제도를 도입한 것이다. 그 시간이 보통 3년 걸린다.

그리고 3년이 지나면 우영만의 특별한 회사문화를 접하게 된다. 우영에는 다른 회사와는 다른 문화가 하나 있다. 처음 입사를 하면 "누구 누구씨" 하며 서로 존칭을 사용하지만 보통 5년 이상 된 직원들 사이엔 존칭이 없어진다. 이렇듯 어느 순간부터 평어로 서로를 부르게 되는데 신입사원일수록 내심 '나는 언제 평어로 불러주나?' 하고 바라는 상황이 연출된다. 하지만 그렇다고 오래된 직원들끼리 서로 예의에서 벗어나는 행동을 하는 것은 아니다.

오래된 직원일수록 일에 있어서는 서로 더 철저하게 원칙을 지킨다. 대신 입사한지 얼마 안 된 분들은 존칭어는 쓰되, 근무기간 5년 이상 전까지는 업무에 있어 결정권을 부여하지 않는 것이 우리의 독특한 기업 문화라고 할 수 있다.

## 인적 자원 육성이 핵심이다

세계적인 컨설턴트 회사인 알렌바우 어소시에이츠사 Allenbaugh Associates, Inc를 운영하고 있는 알렌바우 박사가 쓴 『성공하는 조직은 원칙을 중시한다』에도 근시안적 인적 자원 관리의 폐단을 어느 회사의 사례로 설명하고 있다.

사장의 사무실에서는 간부들의 주차장이 내려다보였다. 주차장에는 지정된 주차 장소에 간부들의 이름이 붙어 있었다. 그것은 지위를 구분하기 위해서가 아니라 놀랍게도 사장이 간부들의 근무 상황을 감시하는 목적으로 이용되었던 것이다. 사장은 항상 장시간 일했고 간부들에게도 똑같은 헌신을 기대했다. 이른 아침이든 늦은 밤이든 창밖으로 눈만 돌리면 간부들의 헌신성을 가늠할 수 있었다.

간부들끼리 모인 회의에서 한 부사장이 자신은 가끔 차를 몰고 출근했다가 택시를 타고 퇴근한다고 고백했다. 이 고백을 듣자마자 또 다른 부사장은 "자네도 그런가?" 라고 반문했다. 사람들은 병에 걸린 조직에서 온전한 정신을 유지하고 생활의 균형을 이루기 위해서 기막힌 수를 쓰고 있었다. 많은 간부들이 모두 이력서를 준비해서 적극적으로 다른 직장을 찾고 있는 것도 놀라운 일이 아니었다.

이처럼 장기적으로 볼 때 착취 기업문화는 높은 실적을 유지하지 못하고 일 속에 매몰되어 소중한 인적 자원을 놓친다. 이러한 기업은 장기적으로 인적 자원을 육성하지 못하고 인간적 요소보다 기계와 시설, 재무체계에 더 많은 관심과 주의를 기울인다. 그리고 높은 자본 회전율과 불만, 산업재해, 고용불안 등이 사업비용을 증가시킨다.

이와 같은 요소들은 단기적으로 생산성을 높일지 모르지만 장기적으로는 심각한 위험을 초래한다.

## 성장의 시작, 멘토를 찾아라

요즘 흔히들 말하는 멘토Mentor라는 단어는 원래 그리스신화에 나오는 영웅 오디세우스 왕의 친구다. 오디세우스 왕은 트로이 전쟁에 출전하면서 아들인 텔레마코스를 친구인 멘토에게 맡겼는데 멘토는 오디세우스 왕이 전쟁에서 돌아올 때까지 텔레마코스의 친구이자 스승, 때로는 아버지가 되어 주었다고 한다. 그 후부터 멘토Mentor란 지혜와 신뢰로 한 사람의 인생을 이끌어 주는 안내자이자 지도자의 의미로 쓰이기 시작했다.

미래의 나의 생계를 책임져주고, 나의 꿈을 실현해줄 전문적인 능력은 자신의 단점을 극복하는 방식으로는 생기지 않는다. 그러므로 우리는 단점을 극복하기보다는 각자가 가진 장점에 주목해야 한다. 왜냐하면 아무리 단점을 잘 극복해도 새로운 기회는 생기지 않기 때문이다. 단점을 극복한다는 것은 남들이 가진 재능을 비슷하게 따라간다는 것이다. 그것으로는 사업적 성공을 이룰 수 없다.

반면 단점을 없애기 위한 노력의 절반만으로도 우리는 장점을 크게 키울 수 있다. 이러한 장점이 새로운 기회를 가져다준다. 장점을 발견하고 어떻게 키울 것인가는 혼자 생각하는 것보다 당신의 멘토를 찾아가 함께 상의하는 것이 좋다. 주의할 점은 당신이 찾아가야 할 멘토는 주변에 있는 친한 선배가 아니라는 것이다. 당신이 앞으로 하고 싶은 일을 현재 하고 있는 사람을 찾아가야 한다. 당신이 찾아가기만 하면 그들은 당신이 앞으로 가야 할 길에 대해 자세히 알려줄 것이다. 당신은 그들로부터 꿈을 이루기 위해 어디서부터 출발해야 하는지 답을 얻을 수 있을 것이다.

미국의 대통령 빌 클린턴도 중학교 시절부터 케네디 대통령을 모델로 삼고, 자기도 미국에서 가장 젊은 대통령 중 한 사람이 되겠다는 꿈을 키웠다고 한다. 클린턴은 케네디를 멘토로 삼은 것이다.

# CHAPTER9

# 현장에
# 답이 있다

**한우덕**

**愚問賢答** : 우리의 문제는 현장에 답이 있다.

    물류 실무를 하다보면 머릿속으로는 해결하지 못했던 문제를 현장에서 실마리를 찾아 해결하는 경우가 있다. 즉 이론적으로만 물류를 이해해서는 체득하지 못하는 사안들이 많다. 보통 이러한 문제는 현장에서 직접 일하다보면 자연스럽게 알게 되는데 물류뿐만 아니라 어떤 문제든 해결의 실마리를 찾지 못하고 있다면 현장으로 눈을 돌려볼 필요가 있다. 현장에 답이 있다.

## 서비스의 경쟁력도 현장에서 나온다

물류에서 터미널Terminal은 화물이 이동하는 기준 지점을 의미한다. 예를 들어 부산과 베트남 호치민을 배가 오간다면 터미널은 부산과 호치민이다. 재미있는 사실은 부산에서 베트남으로 가는 물건이 있다면 반드시 베트남에서 부산으로 오는 물건도 있다. 즉 양쪽 터미널 모두에서 최고의 서비스를 제공할 수 있어야 물류경쟁력이 생기는 것이다.

우리가 해외 지점을 직접 운영하거나 해외 에이전트와 서비스 협약을 맺는 것도 물류가 쌍방향으로 이루어지는 서비스이기 때문이다. 보통 운송에 따른 운임도 선적지에서나 하역지에서 모두 결제할 수 있다.

사실 여기서 중요한 경쟁력이 발생한다.

우리 회사와 선사船社 또는 VOCCVessel Operating Common Carrier간의 결제조건이 우리 회사와 고객의 결세소선과 나를 수 있나는 섬이다. 바로 이런 점 때문에 우리는 선사 또는 VOCC와 협상력을 발휘할 수 있게 된다.

예를 들어 선적지가 베트남 호치민이고 한국으로 화물이 오는 경우 베트남에서 직접 운임을 내는 것이 조금이라도 저렴하다면 베트남 지사에서 운항조건에 대한 협상을 진행하는 것이다.

해외지사의 역할이 중요한 다른 이유도 있다.

수출회사이건 수입회사이건 우리에게 운임을 내는 기업을 직접고객이라고 하는데 예를 들어 망고를 파는 태국회사가 있고 그것을 사는 한국회사가 있다면, 수출하는 태국회사에서 운임 지불을 부담하는 경우, 우리의 태국 파트너가 직접 영업을 해서 한국으로 망고를 보내므로 한국의 수입회사는 엄밀히 말해 직접고객이 아니다.

하지만 망고 운송을 최상의 서비스로 잘했더니 이번에는 한국의 수입회사가 독일로부터 물품을 수입하는 건을 의뢰한다고 해보자. 독일은 신규시장이므로 한국의 수입회사가 운송료를 지불하는 조건으로 진행하면 잠재 고객이었던 수입회사가 곧바로 우리 회사의 직접고객이 된다.

그래서 '우영'은 우리에게 운임을 지불하는 직접고객은 물론, 그렇지 않은 잠재고객에게도 항상 노력을 아끼지 않는다. 반면 대부분의 경쟁사는 직접고객의 이익만을 중요시해 잠재고객에게는 불편한 서비스를 제공하는 경우가 많다. 그러다보니 잠재고객의 불만이 직접고객에게 전달되어 직접고객과도 신뢰를 형성하지 못하게 된다.

## 뜻이 있는 곳에 길이 있다

중국의 군사전문가 야경유가 쓴 「마오쩌둥 손자孫子에게 길을 묻다」에 보면 홍콩의 갑부 리카싱이 플라스틱 꽃을 시장에 출시해 부자가 된 성공사례가 나온다.

그가 플라스틱 생산업체인 장강공장을 운영할 당시, 홍콩에는 300개가 넘는 플라스틱 공장이 난립해 있었다. 이런 상황에서 그저 평범한 젊은이로 시간을 보내고 싶지 않았던 리카싱은 오래 전부터 눈을 세계로 돌려 돌파구를 찾으려고 했다.

어느 날, 그는 「현대 플라스틱 Modern Plastics」이라는 전문잡지를 뒤적이다 눈에 띄는 기사를 발견한다. 이탈리아의 한 회사가 플라스틱 원료를 이용해 플라스틱 꽃을 만들어 냈는데 그것을 대량 생산하여 유럽과 미국 시장에 내놓을 계획이라는 기사였다.

그는 곧장 이탈리아로 날아가 직접 플라스틱 꽃의 생산 과정과 판매시장을 돌아보았다. 그리고는 홍콩에서 온 구매자 신분으로 그 회사를 찾아가 플라스틱 꽃을 살 계획이라고 말했다. 그러면서 리카싱은 플라스틱 꽃을 이리저리 살펴보면서 플라스틱 꽃에 관한 지식을 얻으려고 노력했다.

하지만 거기서 리카싱이 얻은 지식은 지극히 표면적인 상식일 뿐, 플라스틱의 배합 비율이나 착색 방법 같은 기술적 노하우는 전혀 들을 수 없었다.

리카싱은 도서관과 관련업체를 드나들면서 정보를 캐내려고 했지만 시간만 허비할 뿐 얻는 것이 없었다.

하지만 뜻이 있는 곳에 길이 있는 법이다.

리카싱이 실망한 채 호텔에서 신문을 뒤적이고 있는데 플라스틱 회사에서 일용직 공원을 모집한다는 광고가 난 것이 아닌가. 리카싱은 무릎을 쳤다. 그리고 공원 모집에 직접 지원한다.

이렇게 플라스틱 공장에 취업한 리카싱은 폐재료를 처분하고 청소하는 고된 부서에 배지된다.

남들 같으면 얼마 하지 못하고 포기했을 것이다. 플라스틱 폐재료는 유해성 물질이라 한두 시간만 일해도 머리가 아프고 심신이 피곤해지는 등 무척 고된 일이었기 때문이다.

하지만 리카싱은 쾌재를 불렀다. 그의 작업은 작은 수레를 밀고 작업장 이곳저곳을 다니면서 구경할 수 있는 장점이 있었기 때문이다. 이렇게 해서 리카싱은 플라스틱 생산의 모든 과정을 몸으로 익히게 된다.

얼마 후 그는 홍콩으로 돌아와 곧바로 플라스틱 꽃을 개발하기 시작했고, 몇 달 뒤 첫 작품을 시장에 내놓았다. 아시아 일대에서는 처음으로 플라스틱 꽃을 생산해 남들보다 먼저 시장을 공략한 것이다.

이후 홍콩의 유명 백화점과 거리의 꽃가게, 그리고 길거리의 리어카에까지 리카싱이 출시한 플라스틱 꽃으로 가득 찼다. 생화보다 훨씬 저렴한 가격, 하지만 생화 못지않은 싱싱함이 돋보이는 플라스틱 꽃은 출시와 동시에 홍콩인들에게 신선한 충격을 던져주었다.

한 세대 전의 홍콩인들은 지금까지도 당시 플라스틱 꽃으로 인한 문화적 충격을 선명히 기억하고 있다.

리카싱은 이 일로 홍콩 플라스틱 업계는 물론이고 장차 홍콩을 대표하는 갑부로서 단단한 토대를 닦을 수 있었다.

# CHAPTER10

# 같은 강에
# 두 번
# 몸을 담글 수 없다

**Herakleitos**

세상 만물은 늘 변하하며 고정적인 것은 아무것도 없다.
우리는 같은 강에 두 번 몸을 담글 수 없다.

　　　　나는 그때 일본과 대만을 거쳐서 홍콩에서 2박을 하고 필리핀 마닐라로 향하는 일정이었다. 그날 여정은 6년째 같이 근무하고 있던 이 과장이 곁에 있었기에 어느 때보다도 든든하고 외롭지 않았다.
　하지만 출장 기간 중, 그는 나로 인해 상당한 고통을 겪었을 것이다. 업무로 인한 부담뿐 아니라 까칠한 내 성격을 맞추려고 많은 스트레스를 감내해 온 그는 나의 초등학교, 중학교 그리고 고등학교 4년 후배에다 부모가 같다. 즉 이과장은 내 동생이다. 직장후배에다 학교후배에다 친동생이라는 이유로 늘 형에게 절대 복종하기를 강요당한 동생은 벙어리 냉가슴 앓듯 그동안 말대꾸 한 번 한 적이 없었다. 그런 그가 나와 함께 처음으로 해외출장을 온 것이다.

공항에서 긴 줄을 기다렸다 자기 차례가 되어서야 빠진 서류와 공항세를 내지 않은 사실을 지적받고 다시 긴 줄을 서면서 비행기 시간에 늦을까 함께 발을 동동 구르던 일들, 호텔 체크인이 낯설어 쩔쩔 매던 순간들은 그에게 악몽이자, 나를 향한 원망으로 가득했겠지만 피곤했는지 내 옆 좌석에서 동생은 순한 양처럼 자고 있었다.

유목 생활을 하며 떠돌던 인류가 정착해서 생활하게 된 것은 사물의 연관성을 인식하고 계획을 세울 수 있게 되었기에 가능했다. 오늘 씨를 뿌리면 몇 달 뒤에 거둘 수 있다는 것을 알게 된 인류의 중요한 인식의 변화, 즉 뿌리고 거두는 법칙을 알게 된 것이다.

친동생이지만 그에게 더 엄혹한 기준을 먼저 적용했던 것은 모든 사람이 다 할 수 있는 일을 하는 것은 사막을 덮은 모래만큼의 값어치 밖에 안 된다는 생각에서였다. 그가 남보다 나은 사람이 되기보다 남과 다른 사람이 되어야 한다고 생각한 나는 동생이 자기만의 장점을 찾을 수 있다는 확신과 믿음이 있었다.

호텔 체크인 후, 현지 에이전트가 저녁 식사를 위하여 우리를 안내한 식당은 필리핀 전통식당이었지만 왠지 다른 곳과 느낌이 달랐다.

순간 어떤 이가 흥겨운 노래를 부르며 식당 한 가운데로 뛰어나오자, 주방에 있던 요리사들이 요리도구들을 들고 나와 함께 노래를 부르더니, 우리에게 주문을 받고 있던 종업원들도 덩달아 노래를 부르며 합류했다.

여기저기 흩어져있던 종업원들 모두 노래를 부르며 합류해 순식간에 만들어진 합창단은 우리 모두를 흥겹게 만들었는데, 그들의 일사불란한 율동은 결국 우리 모두를 자리에서 일어나게 만들었다.

다음 날 아침 식사를 하는 동생의 모습은 어제 저녁 식당에서의 경험이 유쾌했었는지, 무척이나 밝은 모습이었다. 이렇게 물류 일을 하다보면 뜻하지 않게 이국땅에서 우연한 선물을 받게 된다.

이처럼 트래픽디자인은 함께하는 파트너가 있기에 그 과정이 더 아름답다.

## 무역은 흐름이다

세상은 무서운 속도로 변하고 있다. 어제의 정답이 결코 오늘의 정답이 될 수 없다. 또 근본적으로 인간은 완벽한 존재가 아니다. 불완전하기 때문에 이것을 극복하기 위해 매일 노력하고 그 과정에서 하나씩 작은 성취를 이루어가면서 행복감을 맛볼 수 있다.

단순히 먹고사는 생존의 문제가 해결된다고 해서 행복할 수 없는 것이 인생이다. 매일 자라는 삶을 추구하는 성장의지를 가지고 어떤 형태로든지 자기방식으로 자아실현을 이루어갈 때 비로소 인간은 흔들림 없는 행복감을 맛볼 수 있다. 내 인생이 매일 조금씩 좋아지고, 성장하고 있다는 느낌은 인생에 생명력을 불어넣고 나날을 새로운 기분으로 살게 하는 중요한 요인이다. 거기에 굳이 거창한 목표나 계획이 필요한 것도 아니다. 나이가 많고 적음이 문제되지도 않는다.

한편 무역은 공간과 공간을 이동하며 전개되는 보이지 않는 흐름이다. 옛날에는 부산 등을 중심으로 대한민국에서도 직접 신발공장 등 제조업 공장을 많이 운영했는데 한국의 인건비가 비싸지면서 중국으로 제조시설이 옮겨지고, 이후 중국조차 인건비가 상승하니 이번에는 베트남으로 생산시설이 옮겨지는 추세다. 이러한 흐름에 따라 자본과 인력, 재화가 옮겨가는 흐름을 면밀히 관찰해야만 무역의 흐름도 놓치지 않게 된다. 보통 핵심 역량을 제외하고는 모두 인건비가 싼 지역으로 제조시설이 옮겨지는데 여기에 제도적으로 국가적으로 기업에게 세금을 얼마나 줄여주는 가도 최근에는 생산 공장 이전의 큰 변수다.

우리나라가 싱가포르나 홍콩보다 무역이 늦게 발달한 이유도 역사적 배경에서 기인하는 면이 있다. 대원군의 쇄국정책 때문에 서양문물이 타국에 비해 늦게 들어온데다, 우리나라가 병인양요, 신미양요 등을 겪을 때 싱가포르와 홍콩은 이미 개항을 했고, 아시아 시장에 눈을 뜬 유럽의 국가들이 일본까지 와 일본을 개화시켰다. 그러한 역사적 배경 때문에 유럽 국가가 제일 먼저 진출한 싱가포르와 홍콩은 동서양을 연결하는 자유무역지대로 발전할 수 있었던 것이다.

그런데 특이하게도 일찍부터 자유무역지대로 발달했던 싱가포르나 홍콩에는 생산기반 시설이 없다. 다만 자유무역지대라고 표현되는 공간에 동양과 서양이 자유롭게 만나 연결할 수 있는 회사들이 설립되었고, 돈의 흐름 또한 자유롭게 원활해질 수 있었던 것이다. 홍콩과 싱가포르의 또 다른 장점은 앞서 말한 대로 기업하기 좋은 상태로 법과 제도를 탄력적으로 정비해 왔다는 점이다. 더불어 홍콩이 중국으로 반환된 이후에도 홍콩을 중국의 중앙집권 통제에 두지 않고 어느 정도 자유를 용인한 이유도 그런 정서에 기인한다. 이처럼 우리나라도 지정학적 위치는 무역에 적합하나 역사적 배경 때문에 기회를 잃은 감이 있어 아쉽다.

홍콩은 중국에 반환된 이후에도 홍콩달러와 위안화를 병행해서 사용하고 있는데 무역이나 기업운영과 관련된 부분은 그 옛날 영국에서 했던 방식대로 유지되고 있다. 대신 홍콩의 중앙관리를 선출하는 과정에는 중앙당의 영향력이 발휘되어 자기 쪽 사람이 선출되고 있는 추세다.

### 꿈을 이루기에 늦은 때는 없다

　하루하루의 작은 변화를 꾀하면서 내 삶을 성장시키고 꿈을 실현하는 일에 늦은 때란 없다. 나 역시 내게 주어진 삶의 운명적 조건에서 항상 긍정적인 사고로 앞을 향해 나아가려고 최선을 다한다. 죽은 날까지 내가 가진 경험이 필요한 곳에서 봉사하며 내 삶이 더 성장하고 완성되도록 언제나 새로운 날들을 꿈꿀 것이다.
　물도 웅덩이에 고여 움직이지 않으면 생명력을 잃는다. 흐르는 물이어야 물도 살고, 그 안의 생명체들도 건강하게 살 수 있다. 변화는 산 것을 죽지 않게 하고, 이미 죽은 것도 다시 살아나게 하는 막강한 생명력이 있다. 또한 변화는 우리 사회를 흔드는 가장 강력한 힘이다. 대부분의 사람은 변화를 두려워하지만 지혜로운 사람은 두 팔을 벌려 그것을 환영한다. 항상 새로운 사고에 마음의 문을 열어 두는 사람은 언제나 보다 높은 성취의 문에 도달할 수가 있다.

**CHAPTER 11**

# 기회의 땅,
# 베트남

Louis Pasteur
기회는 준비된 생각에게 호의를 베푼다.

　　　　　그날 필리핀으로 향하는 비행기 안에는 필리핀 사람들이 시끌벅적 분주히 탑승하는 소리로 가득했다. 당시 국내 경기가 좋지 않아서인지 한국인 골프여행객보다는 필리핀으로 돌아가는 필리핀인들이 많았다.
　　전날의 바쁜 일정 때문에 그런 소음조차 자장가처럼 여겨졌던 나는 마닐라 공항 착륙을 눈앞에 두고서야 겨우 잠에서 깨어났다. 통관 수속을 마치고 약속장소로 걸어가는 동안, 섭씨 30도가 넘는 더운 날씨임에도 예전과 달리 덥다는 느낌을 별로 받지 못했다.
　　그리고 공항에서 차량으로 이동해 회의장에 도착한 나는 순간 깜짝 놀라지 않을 수가 없었다. 미국과 대만, 인도네시아, 베트남, 말레이시아, 필리핀 그리고 한국에서 온 동종업계 사람들이 모여 회의를 개최하는 일정이라 내가 아는 사람은 오직 대만에서 온 제세카오$^{Jesse\,Chao}$뿐일 것이라는 예상과는 달리 베트남과 인도네시아, 말레이시아에서 온 사람들이 나를 먼저 알아보고 손을 내민 것이다. 더욱이 미국에서 온 밥$^{Bob}$이 반가운 얼굴로 나를 맞이했다.

밥$^{Bob}$은 그동안 선사에서 근무하다 NVOCC사업을 시작한지 1년 정도 되었는데, 동남아 각 지역으로 연 약 15,000TEU의 물량을 보내고 있어, 각 지역 NVOCC들과 마닐라에 모여 그동안 문제점과 개선책, 선사와의 협조방안 등을 상의하고자 미국에서 건너온 것이다.

더 나아가 그날을 계기로 밥을 통해서 그동안 서로 거래가 없는 에이전트$^{Agent}$들에게도 향후 거래할 수 있는 기회가 열렸다. 대만의 제쎄$^{Jesse}$가 우리 업종에 들어온 지 얼마 되지 않은 밥에게 자신이 거래하던 여러 에이전트들을 처음으로 소개했는데, 새로 소개할 에이전트 중 3개 회사를 10년 전부터 이미 내가 알고 있었던 터라 제쎄는 우리를 더 신뢰할 수 있다며 반가워했던 것이다.

이처럼 당시 동남아시아는 국제물류계의 새로운 화두로 떠오르고 있었다. 유럽시장의 경기가 침체되면서 세계물류가 아시아로 몰리게 된 것인데, 그래서 나 또한 사업의 새로운 가능성을 베트남에서 모색했던 것이다.

'우영'은 중국에 이미 6개의 지점을 운영하고 있었지만 중국의 경제성장속도가 매년 두 자리 수로 급상승하다보니 단순노동을 제공받아 일하는 공장들은 이미 중국에서 설 땅이 없어졌고, 산업들은 새로운 보금자리를 찾고 있었다.

지금은 베트남에 현지지점을 설립해 나도 자주 베트남 출장에 나서는

데 베트남의 현지정서를 보면 한국에 대한 선호도가 매우 높다. 1990년대부터 '농촌총각 장가보내기 운동'을 시작으로 베트남 처녀와 한국 농촌총각간의 결혼이 이루어지다보니 베트남은 한국의 친정국가요, 그 이전에 베트남전의 아픔 라이따이한의 역사가 있기에, 한국과 혈연관계로 맺어진 나라다. 여기에 최근 한류열풍이 베트남을 강타하면서 한국에 대한 관심이 더욱 높아지고 있다.

베트남 건국 설화에 의하면 베트남인들은 산신의 딸 어우꺼와 바다 신의 아들 락롱권의 결혼을 통해 태어났다고 한다. 어우꺼는 100개의 알을 낳았고 그 알에서 태어난 100명의 자식 중 50명은 아버지를 따라 바다로, 50명은 어머니를 따라 산으로 갔다. 이후 베트남 최초의 국가인 홍방 왕조가 세워졌고, 기원전 111년에는 베트남이 한나라에 복속되었다. 이로부터 10세기까지 간헐적인 독립운동을 제외하고는 중국 세력의 통치가 지속되었다.

938년 박당 전투에서 응오왕조의 시조인 음오꾸엔吳權이 오대십국의 하나인 남한과 싸워 이겨 독립한 이후, 베트남 왕조의 통치가 이어지다 1802년, 프랑스 세력에 힘입어 응오엔 왕조가 건국되었지만 이내 프랑스의 식민정책에 의해 프랑스령 인도차이나의 일부가 되었다.

프랑스는 제2차 세계대전 때까지 프랑스령 인도차이나의 한 국가로 베트남을 식민지로서 통치했는데 프랑스는 종전 후에도 군대를 다시 파견해 호치민이 지도하는 민족 세력인 비엣민과 남북으로 대립하게 된다. 베트남은 북베트남과 남베트남으로 분단되었고 1964년부터 1975년까지 미국과 베트남 전쟁을 치러야만 했다.

이후 마오쩌둥주의 노선을 표방하는 캄보디아의 크메르 루즈와 전쟁을 치렀고 중화인민공학국과도 국경분쟁으로 중국-베트남 전쟁을 치렀다. 1980년대 이후 도이 머이 정책으로 서방 세계에 문화를 개방했다.

### 희망의 가능성, 베트남

이러한 베트남의 역사는 현지 지점 설립을 위해 자주 베트남 출장에 나서면서 현지에 정착한 한국인들에게 주로 듣게 된 이야기다.

여름을 부르는 비가 술맛을 돋우는 5월의 어느 날, 중학교 시절부터 나를 친형처럼 따르는 후배와 집 앞에 있는 카페에서 술잔을 기울이고 있었다. 저녁 먹을 때부터 참아온 화장실을 다녀온 내게 후배가 건넨 휴대폰에 나는 아무런 의심 없이 '그냥 아는 친구겠지' 하는 생각에 장난기 어린 목소리로 "이성수입니다" 라고 말했다. 그런데 전화기 저편에서 들려온 목소리는 "선배님, 이번에 한 번 들어오시죠, 상의할 일도 있고……." 라는 멀리 라오스에 있는 그룹회사 회장이었다. 순간 생각할 겨를도 없이 "그렇게 하겠습니다." 라고 나는 대답하고 말았다.

며칠 후, 베트남 출장 준비에 한창 바쁜 내 휴대폰에 그 후배의 이름 석 자가 나를 부르고 있었다. 라오스 방문 일정표를 전자 우편으로 보냈으니, 확인하고 내일까지 정하라는 내용이었다.

베트남 출장을 목전에 두고 있던 나는 오래전부터 거래처분들과 약속한 베트남 출장과 중복되어 참으로 곤란했다. 하지만 라오스의 그룹회장과 후배에게 술기운에라도 약속을 했으니 반드시 가야겠다고 생각해 일정조정을 시도했다.

베트남 출장 동반자들과 라오스 출장 동반자들을 동시에 만족시킬 수 있는 방법은 양쪽 분들께 솔직히 내 입장을 털어놓는 것이었다. 그리고 내가 새로운 의견을 제시하자 그들은 모두 흔쾌히 내 제안을 받아들여 주었기에, 베트남에도 라오스에도 갈 수 있었다. 그것은 다름 아닌 솔직한 '협상의 이론' 이었다.

베트남은 일정보다 하루 먼저 출발해 일정보다 하루 먼저 현지에서 헤어지고, 라오스는 일정보다 하루 늦게 도착해서 하루 늦게 한국으로 돌아오는 것이었다.

우리가 살아가는 인생 자체가 '협상의 일과' 라고 해도 과언이 아닐진대, 협상의 의미를 잘 모르는 분들이 너무 많은 것 같다. 자신이 원하는 대로 처리가 되는 경우만을 '협상에서 이겼다' 라고 좋아하는데, 그보다는 '상호가 이겼다' 는 생각을 갖고 그 결론에 '서로가 흡족해하는 것' 이야말로 협상의 최고봉임이 틀림없다.

먼저 방문한 베트남은 호치민에 지점을 설립하기 위한 시장조사가 주 목적이었다. 지금은 호치민에 지점을 설립해 어느 정도 안정화되었다고 할 수 있다. '우영'의 호치민 지점은 지점장을 제외한 모든 직원들이 베트남 현지인이다. 그들은 사무실에 근무하거나 오토바이를 통해 소상품이나 서류, 샘플 등을 배송하는 일을 한다.

흥미로운 사실은 베트남 직원들은 하나 같이 우리나라 사람들처럼 손재주가 좋다는 거다. 이는 아마도 젓가락을 사용하는 생활풍습에서 비롯된 것이 아닌가 하는데 한국 사람들처럼 일을 꼼꼼히 하는 습관 때문에 현재 세계적인 아웃도어 의류공장들이 베트남에 즐비하다.

한편 하노이가 베트남의 정치수도라면 호치민은 베트남의 경제수도이다. 이는 마치 중국 상해와 북경, 미국 뉴욕과 워싱턴의 관계와 비슷하다. 이에 비하면 우리나라는 수도 서울에 정치적, 경제적 기능이 모두 집중되어 여러 가지 문제점을 야기한다고 할 수 있다.

## 라오스의 추억

2007년 12월 처음 라오스에서 그룹회장을 만나기 위해 1박 2일 동안 기다린 적이 있다. 회장과의 약속은 12월 26일. 20여 년 동안 근무한 회사의 퇴사를 결심하고, 퇴사 후 미래 구상을 위해 길을 나선 후배와 나는 태국 방콕을 거쳐 라오스에 12월 24일 도착했다.

한국에 있었다면 가족이나 지인들과 크리스마스를 핑계로 케이크에 촛불을 밝히며 마냥 즐거움에 들떠 있었을 텐데 우리가 도착한 라오스는 26도를 훌쩍 넘기는 더운 날씨였다. 적응하지 못하는 우리를 보고 누구나 이방인이라고 생각했을 것이다.

우리가 호텔에 짐을 풀고 찾은 곳은 메콩강변에 있는 야외 식당이었다. 제법 어두워지기는 했지만, 신나는 캐럴 송이 붉게 물들인 강바람을 타고 불그스레한 귀와 뺨을 어루만지니 우리의 기분은 어느 때보다 환해져있었다. 그때 나누었던 이야기대로 그 후배는 지금 회사를 그만두고 대학에서 강의를 하고 있는데, 서예에 전념해 지금은 상당한 실력을 갖추었다.

2009년 5월, 다시 라오스를 찾기 위해 호치민에서 프놈펜을 거쳐 비엔티엔에 도착한 시각은 오후 5시30분. 이번 출장은 그룹의 회장뿐 아니라 후배와 같이 온 9명의 사업가들을 함께 만나기에 어느 때보다 긴장감이 내 몸을 감쌌다.

약 14년 전, 베트남에서 사업을 실패한 그룹회장은 한국으로 돌아갈 수도 없고, 베트남은 더욱 돌아갈 수 없는 상황이었기에 남미행을 결심했다가 중간기점으로 들린 라오스에서 정착한 분이었다.

지금은 엄청난 규모로 굴지의 사업을 일으킨 대단한 분이다. 2009년 5월 다시 만나보니, 은행을 새로이 설립했고, 골프장을 인수했으며 통신사업에까지 진출해 인도차이나 반도에서 내륙 운송기지 설립을 계획하는 등 무서운 성장을 하고 있었다.

짧은 3박 4일 동안, 그분과 함께 부딪혔던 수많은 술잔들, 부딪히며 나누었던 수많은 이야기들, 그리고 그룹에 소속된 골프장에서 함께 운동을 하면서 내 인생의 목표가 더 발전된 방향으로 수정되었다.

그분이 나의 대학 후배이기는 하지만, 함께 간 후배의 절친한 친구이었기에 가능했던 일이다. 그 후배에게 지면을 빌어 다시 한 번 고마움을 표하고 싶다.

**CHAPTER 12**

# 물류가 준
# 또 하나의 선물,
# 여행

St. Augustine

Thd world is a book and
those who do not travel read only one page.

　　　　　　물류 일을 하다보면 잦은 해외출장으로 인해 피곤하기도 하지만 대부분 새로운 공간이 주는 설렘으로 기쁨을 느끼는 경우가 더 많다.
　그날의 유럽출장은 1주일 동안 영국과 스웨덴 그리고 핀란드까지 강행군하는 일정이라 육체적으로 힘들었지만, 밀라노에 가면 오랜 친구이자 업무 파트너인 미스터 치로 망카 Mr.Ciro Manca를 만날 수 있었기에 무척이나 들떠 있었다.
　우리는 진한 포옹과 양 볼에 입맞춤으로 반가움을 표현한 다음, 촉견폐일  처럼 따스한 햇볕을 향해 손짓을 했고, 긴 소매의 두툼한 옷을 벗어덩지고는 반소매의 옷으로 갈아입고 세 번째 이태리 입성을 자축했다.

차에 몸을 실은 채 밀라노에서 동쪽으로 2시간 30분가량 달려간 곳은 이태리 고도 중의 하나인 베로나Verona지방이었다. 어리둥절한 나에게, 친구Ciro Manca는 자기 부인과 식구들이 이 지역으로 여행을 왔으니, 나 또한 그곳으로 초대하고 싶어 베로나로 향했다고 말했다.

베로나 시내에서 약 31km 떨어져 있고, 해발 700m에서 1,765m 사이에 형성된 레시니아Lessinia지역 자연공원에 속한 에르베쪼Erbezzo는 해발 1,118m에 있는 베로나 지역에서도 가장 높은 곳에 위치한 제법 큰 마을이었다.

1287년 베로나 주교인 바르똘로모 스칼라Bartolomo Scala가 독일 근교에 주거 중이던 벌채 공들을 불러들여 레시니아 지역의 나무들을 벌목시키려는 것이 발단이 되어, 벌채 공들이 몰려와 13개의 마을을 형성하였는데 에르베쪼는 그중 하나였다.

수백 헥타르에 달하는 초원과 하늘을 향해 키 재기를 하는 나무들이 이룬 커다란 숲은 나를 환영 나온 인파들로 가득 차있는 듯한 인상을 주기에 부족함이 없었다. 어느덧 목적지에 이르렀는지 가파른 언덕으로 오르는 차가 힘에 부쳐보였고, 저 멀리 마을에서 흘러나오는 불빛은 나를 몽롱한 세상으로 인도했다.

마을 가까이에 다다르자 고풍스럽고 소박한 집들의 창문을 통해 촛불이 보였다. 촛불은 발코니에 피어있는 만발한 꽃들을 비추고 그 빛에 반사한 초원의 꽃들은 행복을 만들었다. 그리고 무엇보다 에르베쪼 전역을 뒤 덮은 고요한 적막이 평온을 만들고 있었다.

정원에 들어서기 무섭게 친구의 장인, 장모, 처제, 그리고 처와 12살 먹은 개가 우리를 반갑게 환영해 주었다. 여기저기서 산새들이 놀라 달아날 정도로 요란한 환영인사 후, 나는 식당으로 안내되었다.

보기에도 먹음직스럽고 예쁘게 차려진 음식은 그동안 스웨덴과 핀란드에서 굶주렸던 배를 즐겁게 해주었고, 갈증에 시달렸던 목은 와인으로 충분히 축일 수가 있었다.

하지만 문제는 대화였다. 그 가족들이 영어를 전혀 못했고, 나 역시 이태리어를 전혀 할 수 없었기에 직접적인 대화가 불가능해 답답하기 짝이 없었다. 그나마 친구의 통역으로 간간이 그들이 무슨 대화를 하고 있는지 짐작할 뿐이었다.

답답함을 달래기 위해서 문밖으로 나왔는데, 아까 촛불에 반사되었던 초원의 꽃들이 하늘에서 반짝이고 있었다. 그 중 몇 개의 불빛은 허공에 떠서 내게로 가까이 오고 있었다. 조금 무서워져서 다시 집안으로 들어왔다. 그런데 그 불빛들도 나를 좇아 집안으로 따라 들어오는 것이 아닌가? 순간 당혹스러웠지만, 곧 그 불빛들은 이웃 사람들이 들고 온 등불이라는 것을 알게 되었다.

손에는 등불뿐 아니라 맛있어 보이는 파스타요리와 각종 와인이 들려 있었다. 무척 반가웠지만 한편으론 소통 불가능한 대화시간에 대한 걱정도 앞섰다. 내 친구도 그들을 오랜만에 만나서인지 나보다는 그들과 즐겁게 시간을 보내고 있었기에 나는 혼자 와인 몇 병을 순식간에 비웠다.

그런데 내 귀에 들리는 단어가 있었다.

순간 나를 의심하지 아니할 수 없었는데, 내가 취했나? 하는 생각까지 들었지만, 분명 그들의 이태리 말 중간 중간 내가 잘 알고 있는 단어를 사용하면서 이야기하고 있는 게 아닌가?

나중에 안 사실이지만, 에르베쪼는 과거 CIMBRO<sup>별채</sup> <sup>공</sup>마을이었지만, 지금은 도회지 사람들의 별장으로 많이 사용하고 있는 실정이었다. 그 이웃들은 밀라노에 사는 사람들로, 주말별장에 놀려온 것이라 대화를 할 때 영어를 섞어 사용하고 있었던 것이다.

# PART 3 ◆

# 트래픽 디자이너의

우리는 모두 다르다.
가장 자기다운 길은 어디에 있는가?
골수 속에 있는 것만 남기고 다 버려라.
버리는 법을 배우면 얻는 법도 배우게 된다.
떠나라.
사무치는 자신에 대한 열정을 안고
돌아올 수 없는 강을 건너라.
그곳에서 그대 고유의 브랜드로 마침내 서라.

- 구본형

# 신뢰,
# 믿음에서 시작한다

**권미경**

눈물로 걷는 일생의 길목에서 가장 오래, 가장 멀리까지
배웅해 주는 사람은 바로 우리 가족이다.

1960년 겨울. 서울 돈암동, 성신여자대학교 부근에서 나는 태어났다. 청소년기에 강제로 일본으로 끌려가 해방을 맞이하고도 일본에서 몇 년을 더 머물다 귀국하신 후, 군에 입대해 한국전쟁을 맞이한 선친과 전라남도 순천 근방 조그마한 촌에서 부유하게 성장한 어머니가 결혼해 1957년 상경한지 3년 후 나를 낳은 것이다.

초등학교 졸업을 목전에 두고 우리 식구들은 다시 순천으로 이사를 했는데 그곳에서 중·고등학교를 졸업하고, 서울로 대학을 오면서 새로운 서울생활을 다시 시작했다.

중·고등학교 시절 매일 5시면 일어나 하루 17시간 책과 씨름해왔던 나에게 영어영문학과는 지긋지긋한 공부로부터의 탈출구였다. 그 당시 권유 받았던 법대나 상대를 진학했더라면, 국가고시를 위해 또 다시 그 힘든 공부를 해야 했으니 주변의 실망보다 '내 인생은 내 것' 이라는 생각을 굳히게 된 시점도 그때부터였다.

대학시절 매년 하숙집에 새로운 후배들이 들어오면 나는 그들을 모아 놓고 시어머니처럼 훈계를 했다. "집에 못 들어오게 되면 미리 얘기한다." "여자 친구를 방에 데려올 때도 미리 얘기한다." 등의 시시콜콜한 규칙이었다. 그리고 각자에게 "자, 오늘부터 본래의 생일 외에 새롭게 생일을 정해주겠다. 너는 3월, 너는 4월, 너는 5월······." 이렇게 생일을 정해주었다. 하숙집 아주머니께 생일을 알려주면 좀 더 맛있는 상차림을 받을 수 있었기 때문이다. 생일이 3월부터 시작하는 이유는 방학기간을 고려한 탓이다.

동생이 대학을 오면서 동생과 한 하숙집에 묵었는데 사사건건 간섭을 하는 내게 동생도 불만이 많았을 것이다. 함께 지내는 생활비도 내가 관리를 했으니 얼마나 불편했겠는가. 그래서 어느 날 나는 동생에게 "너에게 상여금을 하나 주마. 한 달에 한번은 성균관대 정문이 있는 명륜동 육교부터, 성대 후문까지 있는 술집 중 아무 곳이나 들어가 내 이름을 대면 술이며, 밥이며 다 해결될 것이다. 다만, 들어가면서 우리의 관계를 밝혀야 한다."고 타일렀다. 처음에는 동생이 반신반의하더니 학교 친구들과 어울려 어느 날은 내가 일러 준대로 한 모양이었다. 그리곤 하는 말이 "형, 진짜 형 이름 대니까 아무 말 없이 다 주대." 하고 웃었다.

용돈이 턱없이 부족했던 나는 먹고 싶은 음식을 먹고, 마시고 싶은 막걸리를 마신 후, 아르바이트를 하여 정확한 날짜에 후불결해 온 상태였다.

동생은 지금도 우리 회사에서 함께 일하며 같은 꿈을 꾸고 있다. 잔소리 많은 형 밑에서 제 소리를 못낸다고 동생 나름대로의 불만이 있겠지만 하나밖에 없는 형제가 함께 일하니 그것 또한 큰 기쁨이라고 생각한다. 하지만 회사가 기반을 잡은 후 입사한 것이 아니라, 설립과 동시에 입사해 온갖 궂은일을 다했고, 지금까지의 우여곡절을 함께 한 지라 늘 동생에게 고맙고 미안하다.

## 신뢰, 믿음에서 시작한다

가족간의 신뢰는 믿음에서 시작한다.

물론 이러한 믿음은 가족뿐만 아니라 직장동료, 친구에게도 필요하다. 스탠퍼드 경영대학원 짐 콜린스Jim C. Collins가 쓴 『위대한 기업을 위한 경영전략』을 보면 신뢰와 존경이 기반이 된 스탠퍼드 경영대학원 운영사례가 나온다. 짐 콜린스는 자신을 사로잡았던 스탠퍼드에서의 1년을 이렇게 표현했다.

나는 서른 살이었고 대학에서 가르친 경험이 아주 없는 사람이었다. 로버츠 학장은 그런 내게 학생들을 가르치라고 하면서, "마음대로 가르치십시오. 행운을 빕니다." 라고 가볍게 말했다. 그것이 전부였다. 어느 누구도 무엇을 가르치라고 하지 않았고 세세한 지침을 일러주려고도 하지 않았다. 심지어는 강의 계획서조차 보지 않았다. 내가 원하는 대로 무엇이든 할 수 있는 전권을 위임받은 것이다. 물론, 나는 상담할 만한 뛰어난 동료들이 있었고 이미 개발된 교과 자료도 있었다. 하지만 기본적으로 그 모든 것을 혼자 할 수 있는 자율권을 부여받은 것이다.

2년 후, 짐 콜린스의 뛰어난 교수법을 칭찬하기 위해 마련한 자리에서 짐은 로버츠 학장에게 물었다.

"학장님께서는 저에게 커다란 도박을 걸었는데, 왜 그러셨던 겁니까?" 학장은 다음과 같이 말했다.

"우리 스탠퍼드 대학의 기본 방침이니까요. 그리고 저는 그것을 도박이 아니라 기회로 봅니다. 우리가 전적으로 믿는다는 것을 알면 최선을 다할 것이고, 그렇게 되면 좋은 결과가 나오는 거죠. 물론 항상 좋은 결과가 나오는 것은 아닙니다. 그러나 혁신적이고 능력이 뛰어난 분들에게는 이 방법이 상당한 가치가 있다고 생각합니다."

## 세상에서 가장 소중한 사람

누군가 우리에게 "세상에서 가장 존경하는 사람은 누구인가?" 라는 질문을 한다면 우리는 어떤 대답을 할 것인가? 대부분의 사람들은 그런 질문을 받았을 때 대통령이나 종교 지도자, 과학자의 이름을 말한다. 하지만 "지금 누가 당신에게 도움을 줄 수 있는가?" 라는 질문으로 바꾼다면 우리는 아마 가족과 친구, 동료의 이름을 말하게 될 것이다.

세상에서 가장 소중한 사람은 조건 없이 나를 도울 수 있는 사람이다. 그래서 주변 사람들을 진정한 내 편으로 만들 수 있는 사람은 반드시 사회적 성공도 이룬다. 놀랍게도 이 사실을 아는 사람은 그리 많지 않다. 심지어 역사상 가장 위대한 미국 대통령으로 손꼽히는 링컨도 오랜 세월이 지난 후에야 이 사실을 깨달았다고 고백했다. 그렇다면 주변사람들을 어떻게 진정한 내 편으로 만들 수 있을까? 비결은 의외로 간단하다. 세상의 모든 사람들은 스스로 중요한 사람으로 대접받기를 원한다.

그러므로 당신도 멀리서 당신의 지지자를 만들 것이 아니라 먼저 당신의 가족과 친구, 가까운 동료를 세상에서 가장 소중한 사람으로 대접하라. 당신이 그렇게 한다면 그들은 당신이 하는 일에 세상에서 가장 큰 성원을 보내올 것이다.

　가족은 사랑이다.

　인생의 거친 바다 위를 힘차게 항해하는 원동력이 바로 가족이다. 사랑은 인생의 방향을 결정해 주고 어두운 곳에서 밝은 곳으로, 절망을 희망으로, 불행을 행복으로 바꾸는 힘이 있다. 사는 것이 아무리 어렵고 힘들어도 그동안 받아온 가족의 사랑을 떠올리면 모든 번민과 어려움이 눈 녹듯이 사라진다. 마음의 평화와 행복감이 다시 찾아온다. 그래서 가족과 함께 꿈을 꾸자는 것이다. 그리고 내게 그러한 가족이 있음을 항상 감사하자.

# CHAPTER2

# 태어나려고 하는 자는 하나의 세계를 깨뜨린다

Boris Pasternak

사람은 살려고 태어나는 것이지
인생을 준비하려고 태어나는 것은 아니다.

　인생의 전환점이라고 말하기는 거창하지만, 순천고등학교에 입학하고 얼마 지나지 않았던 그날. 하나의 사건이 발생했다. 중학교 때 계속 학생회 활동을 해온지라 담임선생님은 내게 반장을 권유하셨다.

　당시 나는 그저 착하고 내성적이며, 고분고분한 아이였다. 그런데 누구에게 대든 적도 없는 내가 무슨 생각이 들었는지 "저 반장 안합니다." 라고 딱 잘라 담임선생님의 권유를 거절한 것이다.

　큰 키에, 태권도 2단. 허우대는 진짜 남자였지만 남자들 세계에서 말하는 깡다구가 부족했던 나는 고등학교 진학을 계기로 그동안 나를 둘러싼

틀을 깨는 새로운 시도에 한 발 다가서고 있었다.

억지로 부반장 직책을 떠맡은 다음날 청소감독을 하는데 고등학교를 재수하고 들어온 소위 침 좀 뱉었다고 하는 친구 한 명에게 청소지시를 했더니 "넌 뭐야 새끼야." 하는 말과 함께 바로 주먹이 날아왔다.

평소 운동을 좀 했던 나는 그 주먹을 쉽게 피했지만, 친구의 주먹은 '빡' 소리와 함께 칠판에 꽂혔다. 그리고 방과 후 삼나무 밭에서 길고긴 싸움이 시작되었다.

마치 영화에서 보는 것처럼 친구들이 두 패로 갈려 우리를 빙 둘러싸고 장장 일주일간 매일같이 싸움을 했다.

아마도 그때 나는 내 성격을 좀 바꿔보고 싶다는 생각을 한 것 같다. 그래서 싸움도 한 번 원없이 해보자는 각오 아닌 각오에 매일 두 주먹을 불끈 쥐었다.

싸움의 결과는

'지지는 않았다.'

워낙 오랜 시간 매일 계속된 싸움이라 싸움을 구경하는 친구들은 점점 늘어났고, 급기야 중학교 때 친했던 친구들까지 중재에 나서 결국 우리는 화해를 하고 친구가 되었다.

그 뒤로 순천고등학교를 다니는 3년 동안 누구 하나 나를 건드리는 사람이 없었다. 그 친구와 싸웠다는 사실 자체만으로 학교에서 내가 떠버린 것이다.

그렇게 일주일의 시간이 지나자 우리는 자연스레 친구가 되었다. 덕분에 공부만 열심히 하는 친구들 외에, 소위 좀 논다는 친구들과도 가깝게 되는 계기가 되었다.

사고 한 번 안 치는 모범생이었던 나는 그날의 사건을 계기로 나의 세계인 알을 깨고 나왔는데 사업을 하면서도 어려운 일이 닥치면 그때가 많이 생각난다.

  자신이 가진 패턴이나 틀을 깬다는 것은 타인이 아니라 자기 자신 과의 싸움을 거쳐야 한다.

  재수하고 들어온 그 친구는 힘 세고 주먹 좀 쓰는 친구들도 많았던 반면, 내편에 선 친구들은 공부만 하는 아이들이라 판세로 보면 상대가 안 되는 상황이었다.

  솔직히 두려움도 컸다. 그런데 그 두려움은 싸우는 대상에 대한 두려움이라기보다는 그동안 싸움을 하거나 무력을 써서는 안 된다고 생각했던 나 자신의 틀을 깨는 것에 대한 두려움이었다.

  그럼에도 불구하고 일주일간 싸움을 이어나갔던 것은 그동안 싸움한번 해보지 않고 그저 착하기만 했던 내 자신이 고등학교라는 새로운 세계를 맞이해 변화하고 싶다는 내적 욕망의 발현이라고 생각된다.

### 인생의 전환점

  사람들은 자신의 인생을 얘기할 때 소위 인생의 전환점이란 말을 한다. 마치 헤르만 헤세Herman Hesse의 「데미안」에 나오는 유명한 문구 '알은 곧 새의 세계이다. 태어나려고 하는 자는 하나의 세계를 깨뜨리지 않으면 안 된다. 그 새는 신을 향해 날아간다. 그 신의 이름은 아프락사스라고 한다.' 처럼 인생의 전환점은 하나의 사건으로 다가오기도 하고, 가슴을 적신 말 한마디로 찾아오기도 한다.

  우리가 진정으로 변화를 원할 때 가장 먼저 해야 할 일은 자신의 기준을 높이는 것이다.

  사람들이 내 인생이 진정으로 바뀌게 된 이유가 무엇인지 물어올 때,

나는 스스로에게 요구하는 바를 바꾸는 것이 가장 중요하다고 말한다. 내 삶에서 더 이상 받아들일 수 없는 것, 더 이상 참지 못하는 것, 그리고 정말 되고 싶어하는 모든 것들을 적어보라고 한다.

자신의 기준을 높여 절대로 그 이하는 만족하지 않겠다고 결심하고, 그에 따라 행동했던 사람들이 궁극적으로 이루어낸 것들을 생각해 보자.

만약 우리가 스스로에게 요구할 용기만 있다면 그들이 보여주었던 능력을 얻을 수 있다. 조직을 변화시키고 국가를 개혁하며, 더 나아가 세계를 변화시키는 것은 우리 자신을 바꾸는 일에서부터 시작된다.

**CHAPTER3**

# 행복하기 때문에 웃는 것이 아니라 웃기 때문에 행복한 것이다

**William James**
행복하기 때문에 웃는 것이 아니라 웃기 때문에 행복한 것이다.

    대학 입학 후 얼마 지나지 않아 입대 영장을 받아들고 뭔가 기억에 남을 만한 추억을 만들고 싶어하는 남자의 심정은 나에게도 예외가 아니었다. 그냥 무작정 어디론가 떠나고 싶었다.
    고1때 처음으로 접했던 '녹차' 기억이 떠올라 발걸음을 옮긴 곳은 경남 하동군 화개면. 쌍계사가 있고, 불일폭포가 있어 수많은 시를 탄생시킨 곳이었다. 구례에서 하동 방향으로 멋들어지게 뽐을 내며 유유히 흐르는 섬진강을 따라 약 20km 내려가서 왼쪽으로 돌자, 쌍계사 입구까지 이어지는 그 길에는 하늘이 없었다.
    길 양쪽에 빼곡히 늘어선 벚나무가 피어낸 꽃들이 하늘을 가려 태양이 보이지 않았고, 달리는 차 앞 유리로 떨어지는 꽃비는 나의 방문을 열렬히 환영하였으며, 나무들 사이로 언뜻언뜻 보이는 계곡물이 어루만져준 크고 둥그런 작은 바위들은 지난 세월을 이야기하고 있었다. 지리산 자락에 드문드문 보이는 집들이 만개한 벚꽃에 둘러싸인 모습은 내가 마치 무릉도원에 와 있는 듯한 착각을 불러일으켰다.

그 후로 해마다 '곡우' 전후로 그곳을 찾았고, 내 삶의 커다란 행복 중 하나가 되었다. 어떤 해에는 '입하' 전에 그곳으로 달려갔다. 꽃들 대신 훌쩍 커버려서 현기증을 자아내기 충분한 진한 녹색의 이파리들이 때 이른 여름 바람에 흔들리는 소리를 내며 반겨주었다.

앞에 놓인 찻잔에서 그윽한 향을 내고 있는 '해 차'가 문득 내게 말을 걸었다.

"우리는 우리 몸의 수분을 다 버리기 위해 가마솥에서 덕어 내고, 그늘에서 말리기를 여러 번 반복해야 하며, 그 마른 차 잎은 다시 좋은 물을 만났을 때 비로소 좋은 향과 맛을 낼 수 있어."

우리의 인생을 살다보면 '해 차'처럼 관계의 진화를 통해 더 깊은 고마움이 우러나는 지인들이 있다. 학부시절부터 늘 곁에서 함께해 온 L, 늘 해맑은 웃음을 주는 S, 대학원에서 새로 만난 든든한 동생 U는 내 삶에 있어서 '해 차' 같은 존재들이다.

### 행운은 좋은 사람과 함께 온다

우리가 인생을 살면서 겪게 되는 여러 가지 고민들은 주위 사람들과 적극적으로 나누는 연습이 되어야 한다. 그러한 연습은 우리가 새로운 기회를 얻게 되는 중요한 계기가 된다. 즉 행운도 연습이 필요하다.

이처럼 행운을 불러오는 것은 좋은 사람을 만나는 것이 핵심이다. 그리고 좋은 사람을 만나기 위해서는 타인에게 먼저 말을 건네야 한다.
　우리는 보통 일상에서 타인과 마주칠 때 필요 없는 대화를 나누지 않는다. 하지만 당신에게 행운을 주는 사람을 만나고 싶다면 평소에도 자연스럽게 말을 건네는 연습을 해야 한다. 그렇게 하기로 마음을 먹기만 해도 앞으로 인생을 풍요롭게 만들어 줄 사람을 만날 확률은 매우 높아 질 것이다. 그렇다면 어떻게 타인에게 말을 꺼내야 자연스러울까.
　보통 처음 만난 상대와의 대화 소재는 사소한 것이 좋다. 상대에게 관심을 가지고 있다는 것을 표현하는 방식도 좋다. 이렇게 낯선 사람에게 말을 거는 연습은 결정적인 순간에 어색한 분위기를 당신의 의도대로 이끌어내는 훈련이 될 것이다. 그리고 상대방을 편하게 만들어 주는 것 또한 중요하다.
　우리가 무의식적으로 취하는 행동이나 태도, 몸짓에는 그 사람이 담겨있다. 자신감을 표현하는 것도 몸짓이다. 어떻게 악수를 하고 어떤 미소를 지으며, 어떻게 의자에 앉는지가 바로 몸짓이다. 경쾌하고 친절한 몸짓은 상대방에게 감동을 전달한다. 작은 칭찬이나 호의를 받았을 때 고개를 숙이며 "감사합니다." 라고 말하는 것, 상대가 떨어뜨린 물건을 주워주는 것, 다음에 따라오는 사람을 배려해 문을 잡아 주는 행동 등 사소한 몸짓 하나는 나의 이미지를 결정하고, 나아가 나의 브랜드를 만든다. 친절을 베푸는 것에 감사하지 않는 사람은 없다. 또한 친절은 부메랑 같은 것이어서 상대에게 내가 먼저 친절을 베풀면 상대도 나에게 친절한 몸짓으로 다가온다.

## 웃음 바이러스

　웃음이란 사람과 사람을 따뜻하게 이어주는 촉매제다. 그래서 아무리 훌륭한 사람이라도 잘 웃지 않는 사람 주변에는 그를 지지하는 팬들이 적다. 웃음은 웃는 법에 관계없이 이미 훌륭한 소통이다. 가까운 사이에서도, 처음 본 사이에서도 웃음은 언제나 훌륭한 인사다. 그동안 사람들은 만나면서 먼저 기분좋은 농담과 따뜻한 미소를 건네는 사람이었는지 돌이켜 보아야 한다. 만약 그렇지 못했다면 지금부터라도 연습해 보자.
　사람들은 웃음을 주는 사람을 편하게 해 주는 사람이라고 인식한다. 우리의 뇌가 알게 모르게 그것을 인지하는 것이다. 그래서 조직에서도 항상 유머 있는 사람이 인기와 평판이 좋다. 그러니 우리는 웃는 법을 배워야 한다.
　그렇다고 웃음에 고도의 전략이나 트레이닝이 필요하다고 생각할 필요는 없다. 왜냐하면 사람들은 별거 아닌 사소한 일에도 잘 웃는다. 중요한 것은 분위기다. 그래서 우리는 평범한 이야기라도 즐거운 마음, 가벼운 마음으로 먼저 시작하면 된다.
　성격이란 가꾸고 기를 수 있는 것이다. 사람 마음도 몸처럼 그늘에서 햇빛이 비치는 자리로 옮겨가야 한다. 곤란한 상황에서도 가능한 웃어넘겨라. 누구나 어렵지 않게 바꿀 수 있다.
　자신의 성격 때문에 어려움을 당한다고 한탄하기보다는 자신의 성격을 그늘에서 햇빛이 비추는 곳으로 옮기는 노력을 해야 한다. 성격은 타고나는 것이 아니라 가꾸는 것이다. 그리고 자신의 성격은 자신만이 가꿀 수 있다. 작은 틈으로도 빛을 볼 수 있듯이 작은 일에 그 사람의 성격이 드러난다.

**CHAPTER 4**

# 재단사는 가위질
# 한 번을 위해
# 수십 번 자를 댄다

George Macdonald
이 세상에 태어나 우리가 경험하는 가장 멋진 일은
가족의 사랑을 배우는 것이다.

　　내 선친의 생신은 음력 7월 초 하루 날이다.
　2010년, 내려가 아버님 생신을 차려드리고 "아버님 저희 서울 올라갑니다. 또 뵈러 오겠습니다." 라고 말씀드렸더니 기운이 쇠하셨는지 눈으로만 대답을 하셨다. 아버님이 돌아가시던 해 무더운 여름에도 우리 가족과 동생네 가족은 여름휴가를 맞춰 아버님 생일상을 함께 했다.
　아버님이 돌아가셨을 때 나는 손님과 저녁 식사 중이었다. 이야기꽃을 피워 식사자리가 무르익다 보니 전화가 울린 지도 몰랐는데, 한 시간 반이 흐른 뒤 전화기를 확인하니 어머님과 아내에게서 여러 통의 전화가 걸려와 있었다. 저녁 8시 30분쯤, 어머님께 전화를 드렸다.

"성수야. 아버님이 돌아가신 거 같다."
"네?"
저녁 드시고 아버님이 침대에 누워 계셨는데, 오랫동안 기척을 느낄 수 없어 크리넥스 티슈를 코에 대니 콧바람이 없어 펄럭이지 않는다는 말씀이셨다.
'아... 돌아가셨구나!'
밖에 나간 큰 애를 찾았고, 군에 있는 막내에게 연락을 취하고 다시 급히 순천으로 내려가려고 서둘러 준비하고 있었다. 어머님은 "성수야, 너 하던 일 다 마치고 천천히 내려와라. 네가 빨리 온다고 해도 아버님이 도로 살아나시는 것은 아니니까……."라고 말씀하셨지만, 급히 차를 몰아 순천에 도착하니 새벽 3시. 아침에 염을 하고, 부랴부랴 손님 맞을 채비를 했다. 급히 내려온지라 주변에 연락도 잘 못했고, 장례식장은 순천에서 제일 큰 곳을 빌렸는데 처음에는 사람들이 없어 서운한 마음마저 들었다.
그런데 오후 2시가 넘으면서 문상객들이 끊임없이 밀어닥쳤다. 작은 아버님께서 조화의 수를 세고 계셨는데 그날 125개까지만 셈을 하고 포기하셨다고 하니 참으로 많은 분들이 다녀가셨고 조의를 표하셨던 것이다. 폭우로 인해 천둥번개가 엄청나게 치는데도 서울에서 내려온 분들이 너무도 많았다. 다시 한 번 그분들께 감사의 인사를 올린다.
장례를 치르고 나는 먼 길 오신 많은 분들이 너무도 고마워 앞으로 더 잘 살아야겠다는 다짐을 했다. 아버님은 한국전쟁 참전용사여서 임실에 있는 호국원에 영면해 계신다.
어머님께서는 아버님을 무척 사랑하셨는데 돌아가실 때 너무 잘 돌아가셨다고 지금도 좋아하신다. 연세 82세에 호상이라고 말씀하시는 이유는 어머님께서는 평생 아버님과 살면서 50세를 못 넘길 줄 아셨기 때문이다.

아버님께서는 일제 강점기 징용도 갔다 오시고 한국전쟁에 참전해 모진 경험을 치르다 보니 제대로 못 드셔 몸이 말랐다.

전쟁이라는 것이 어느 누구에게든 충격적인 상흔(傷痕)을 남기기 마련아닌가. 아버님께서도 평생을 주무시다 소리 지르며 일어나는 후유증에 시달리셨다.

강원도 고성에서 벌어진 전투에 참전해 대대 전체에서 살아난 두 분 중 한 분이시기에 그 고초가 얼마나 크셨으리라 생각하면 지금도 눈물이 앞을 가린다.

어린 시절 기억나는 풍경중 하나가 외가나 친가에서 친척들이 서울에 올라오면 늘 베이스캠프가 되었던 우리집이다. 그래서 난 늘 많은 삼촌들과 더불어 어린 시절을 보냈다.

외삼촌들, 이모들도 다녀가시고 심지어 어머니의 사촌 남동생과 아버님의 농생 여섯 분들과 먼 친척까지 거의 다 우리 집을 한 번씩은 거쳐 갔다. 방 두 칸짜리 집에 세 들어 살 때는 어떻게 지낼 수 있었을까 생각해 보면 신기하다. 나중에 형편이 나아져 우리 집이 생겼을 때도 늘 여러 분의 삼촌들이 계셨다.

그러다 내가 초등학교 6학년 때, 그렇게 많은 삼촌들이 아버님께 "순천에 오셔서 제재소 한 번 하시죠." 라고 제안하셨고 그렇게 내 순천 생활은 시작되었다.

아버님에게 성실을 얻었다면 어머님에게는 총명함과 대범함을 물려받았다. 늘 다른 사람에게 베풀기만 했던 아버님 때문에 사실 어머님은 많이 힘드셨다.

평생을 남의 식구 뒷바라지를 했던 어머님은 대범하지 않으면 하지 못할 일을, 총명하지 않으면 하지 못할 일을 하신 것이다.

어머님께서는 어린 시절부터 나에게 수천 가지의 격언이나 속담을 알려

주셨는데 당신이 직접 공부를 안 하셔서 정확한 단어나 전문적인 단어는 사용할 줄 몰랐지만 어머님이 알려주신 격언은 지금도 내가 무엇인가 결정할 때 마음속의 지표가 되어 현명한 판단을 하게 도와준다.

어머님께서는 "재단사가 가위질을 한 번 하기 위해서는 수십 번 자를 댄다." 는 말씀을 자주 하셨다. 고등학교에 입학해보니 학교 교훈이 '심오한 사고, 정확한 판단, 과감한 실천' 이어서 '어, 이거 우리 어머니 말씀이네.' 하고 생각했던 기억이 난다. 그후로 나는 어머님의 말씀에 더욱 귀 기울이며 살고자 했다.

사업을 하면서 가장 큰 힘이 되어준 사람은 나의 아내이다. 바가지라는 것을 긁은 적도 없고, 아침에 일찍 일어나 이른 조식을 먹는 습관에도 불만을 얘기하거나 게으름을 피운 적이 없다.

단 하나 담배 피는 것에 대해서는 싫다는 표현을 자주 한다. 담배 냄새도 싫거니와 나의 건강을 생각해서 하는 충고일 것이다.

## 가족 사이에도 신뢰가 중요하다

우리는 가족 안에서 자신의 가치를 발견하기도 하고, 혼자서는 할 수 없는 일을 해내기도 한다. 이렇게 가장 가까이에서 위로와 힘을 주고 삶의 원동력이 되는 것이 가족이지만, 가깝기 때문에 오히려 서로를 힘들게 하는 것 또한 가족이다.

가족관계가 힘들어지는 표면적인 이유는 여러 가지이지만 깊이 들여다 보면 대체로 한 가지로 압축된다. 지나치게 기대하거나 강요하고 상대를 있는 그대로 받아들이지 못하는 것이다. 가까운 사이일수록 믿어주고, 있는 그대로의 모습에 긍정적인 시선을 보낼 줄 알아야 한다. 특히 부모와

자식 간에 지나친 기대나 강요는 마음의 굴레나 상처를 만들기 쉽다.

  가족 사이에 신뢰를 형성하기 위해서는 노력이 필요하다.

  그리고 그 첫 번째는 가족의 말을 경청하는 것이다. 충고를 하기보다는 먼저 충분히 들어주는 습관을 키워야 한다. 그리고 결정이 필요할 때는 내용을 공유하자. 가족 모두가 전적인 동의를 하기 위해서는 이해하는 시간이 필요하다. 결론이 나지 않는다면 다음에 다시 이야기하면 된다.

  더불어 아내와 남편의 권위를 세워 주어야 한다. 작은 것이라도 가족 구성원 모두에게 책임을 주는 노력을 해보자.

CHAPTER5

# 배움을 이루는 것은 재미가 있다

**Bill Gates**

오늘의 내가 있는 것은 내가 살던 마을의 작은 도서관 때문이었다. 하버드대학의 졸업장보다 내게 더 소중한 것은 책 읽는 습관이었다.

내가 경영하고 있는 '우영'은 이미 국제 기업이다. 중국에 6곳, 베트남에 1곳의 지점이 있고 우리나라에도 전국 5곳에 지점이 있다. 지금은 직원 수가 150명을 넘다보니 전체 직원들의 신상을 일일이 알지는 못한다. 해외지사의 직원들과 대화를 자주 나눠야 한다는 생각을 늘 하지만 짧은 해외출장시간이 아쉽기만 하다.

업무상 대화는 영어를 사용하기 때문에 불편함이 없지만, 영어를 못하는 중국인 직원도 있고, 무엇보다 중국문화를 이해하기 위해서는 중국어를 배워야 한다는 생각을 했다.

그래서 시작한 것이 중국어 공부다. 하지만 그 다음 단계가 베트남어 공부인 것은 아니다. 오히려 베트남 직원과 중국 직원들에게 한국어와 영어를 배울 수 있는 기회를 제공하고 있고 그 기회를 해마다 확대해 가고 있다. 나는 30대에 도전을 해 어느 정도 기반을 닦았지만 50이 넘은 지금도 현실에 만족하고 자리를 지키는 것이 아니라 지금까지 가지고 있는 노하우와 나름의 안정적 조직을 기반으로 한 단계 더 비상할 수 있는 새로운 꿈을 꾼다. 그래서 재교육을 받고자 대학원에도 진학했다.

## 책 읽기의 즐거움

대학원에 진학한 뒤 좋은 점은 새로운 사람들과 나누는 이야기도 있지만, 책에서 보았던 여러 가지 문장과 지식을 그들과 나눌 수 있는 기쁨을 얻는 데에도 있다.

나이와 직업을 떠나 책이라는 주제 앞에서 우리는 친구가 된다. 이러한 경험이 나를 한 단계 높은 차원의 인생으로 견인할 것이다.

성공에 대한 비결을 다룬 책들이 많다. A&M 대학 마케팅 담당 교수인 레오나드 L. 베리가 쓴 「초일류서비스 기업의 조건」을 보면 코라 그리스피라는 위스콘신에 있는 페이퍼 밸리 호텔 오처드 카페의 웨이트리스 사례가 나온다. 그녀는 고객과 동료 직원들로부터 우수한 종업원으로 인정받았을 뿐 아니라, 그녀만의 단골손님이 많은 것으로 유명하다.

코라는 자신만의 9가지 성공 원칙을 실천하고 있다.

첫째, 고객을 가족과 같이 대한다. 처음 방문한 고객일지라도 편안함을 느낄 수 있게 해준다.

둘째, 고객의 말을 경청한다. 코라는 고객의 주문 내용을 받아 적지 않고도 기억할 정도로 경청하는 기술을 익혔다.

셋째, 미리 예상한다. 그녀는 빵과 버터를 제공하고 음료수를 리필해 주면서 미리 손님의 요구를 예상할 수 있도록 노력한다.

넷째, 사소한 것이 큰 역할을 한다. 그녀는 스스로 서비스의 세부사항을 점검한다. 그릇의 청결 상태, 테이블 매너, 냅킨이 올바르게 접혔는지, 음식을 서빙하기 전에 반드시 확인한다.

다섯째, 현명하게 일한다. 모든 테이블을 다 관찰하여 한 번에 여러 가지 일을 결합해서 할 기회를 찾는다.

여섯째, 끊임없이 배운다. 코라는 현재의 기술을 향상시키고 새로운 것을 배우기 위해 지속적으로 노력한다.

일곱째, 성공은 자기가 찾는 곳에 있기 마련이다. 이런 생각으로 코라는 자신의 일에 만족하고 있다. 그녀는 고객을 기쁘게 하는 데서 만족감을 얻고, 다른 사람이 즐거워하는 것을 보고 자신도 즐거워한다.

여덟째, 하나를 위한 전체, 전체를 위한 하나가 된다. 코라는 팀플레이어이다. 그녀는 8년 동안 같은 동료들과 아침 6시부터 오후 2시까지 일을 해왔다.

아홉째, 자기 일에 자부심을 갖는다. 코라는 자신이 하는 일이 중요하다고 믿는다. "저는 스스로 평범한 웨이트리스라고 생각하지 않습니다. 저는 웨이트리스로 선택된 사람입니다. 저의 잠재력을 믿고 제가 하는 일에 최선을 다합니다. 저는 새로 일을 시작하는 사람들에게 자부심을 가지라고 말합니다. 당신은 아무나가 아니며, 당신이 무엇을 하든지 최선을 다해야 하고 자부심을 가져야 된다고 말합니다."

이처럼 우리는 우리의 삶의 지속적인 향상을 추구하면 일에 대한 열정이 넘치고, 지치지 않는 정신력을 기를 수 있다. 우리는 몸으로 뛰면서 에너지를 발산하며, 매일매일 끊임없이 노력함으로써 자신의 일을 자랑스럽게 생각하는 자부심을 느끼는 것이다.

## 책 속에 길이 있다

　책 읽기는 성공한 사람들의 공통점이다.
　성공한 사람들은 책 속에 지혜가 있고, 성공의 길이 있다고 말한다. 어떤 이는 사업의 아이디어를 책 속에서 발견했다는 고백도 털어놓는다. 누구나 책에 얽힌 사연 하나씩은 있다는 사실은 흥미롭다. 벤처기업으로 성공한 어떤 회사의 대표는 경제적으로 윤택해진 이후에 달라진 점이 있다면 서점에 가서 마음대로 책을 골라서 한꺼번에 살 수 있게 된 거라고 말했다.
　인터넷이 급속도로 확대 생산되던 몇 년 전, 세상에서 종이와 책이 사라질 것이라는 전망이 나오기도 했다. 요즘은 스마트 폰이 대중화되면서 이북e-book 시장도 점점 커지고 있다. 하지만 나는 왠지 종이냄새가 풍기는 원형 그대로의 책이 좋다. 책만큼 작은 투자로 많은 가치를 얻을 수 있는 것은 지구상에 없는 듯하다.
　한 권의 책 속에 담긴 정보는 받아들이는 사람에 따라 값을 매길 수 없을 만큼 큰 것일 수도 있고, 그렇지 않다 하더라도 어떤 분야의 정보를 체계적으로 정리해 놓은 매개체로 단연 으뜸이라 할 수 있다.
　배움을 이루는 것은 재미가 있다.
　그래서 배움을 통한 즐거움을 느껴본 사람은 인생에서 배움의 성취가 주는 즐거움을 맛보게 된다. 그리고 점점 더 큰 배움을 향해 나아가게 되어 있다. 삶은 행복해서 웃는 것이 아니라 웃기 때문에 행복해지는 것이다. 행복해서 노래를 부르는 것이 아니라 노래를 부르기 때문에 행복해 지는 것이다.

**CHAPTER 6**

# 땀방울은 한 모금 물의 소중함을 가르친다

**Longfellow**

정원에 있는 나무를 보게, 이제는 늙은 나무지.
그러나 꽃을 피우고 열매도 맺는다네.
그건 저 나무가 매일 성장하기 때문이야.

점심을 먹기 전 나는 걷기를 위한 준비를 한다.
 특히 겨울철이면 마스크와 장갑, 모자 등 준비해야 하는 것이 늘어나지만 나머지 계절에는 운동화 끈을 조여 매는 것으로 모든 준비가 끝난다. 내가 사는 일산의 호수공원에는 사계절마다 제각각의 아름다움이 있다.
 한 걸음 한 걸음 발걸음을 옮기다보면 나의 걸음걸이는 호수공원의 아름다움에 빠져 점점 더 경쾌해진다.
 출발할 때 가졌던 머릿속의 복잡한 생각도 차츰 정리되기 시작한다.
 발바닥과 등에 땀이 맺히고 다리가 조금 무거워지는 것을 느낄 때쯤이면 걱정도 가벼워진 발걸음처럼 호수공원의 바람 속으로 사라진다.

한 가지 더, 나는 약속이 없는 날이면 사우나를 가는 습관이 있는데, 사우나를 오는 사람들은 두 부류로 나뉜다. 나는 건강을 지키기 위해 가는 것이라는 명확한 목표가 있다. 정해진 시간에 정해진 프로그램대로 사우나에서 움직이고, 냉탕과 한증막을 번갈아 오가며 냉온 욕으로 혈액순환을 돕고, 맨손체조도 열심히 한다. 노곤해진 몸을 위해 10분에서 15분 정도 잠깐 오침을 즐긴다.

하지만 시간을 그냥 흘려보내기 위해 오는 사람도 많다. 마치 사우나가 아닌, 다른 곳인 것처럼 통화하는 사람들도 흔히 볼 수 있다.

나는 인생을 스스로에게 명령하는 것이라 생각한다. 나의 모든 인생관과 세계관도 이것에서부터 시작된다. 나는 매일 만보 이상을 걷는다. 몸을 단련하고 스스로에게 올바른 명령을 하기 위해서다.

걷는다는 것은 육체적 건강에도 도움이 되지만 내가 혼자서 유일하게 상상할 수 있는 시간이기도 하다. 일에 대한 생각은 물론, 가족 생각, 그리고 현재 나와 함께 일하는 직원들에 대해서도 걸으면서 생각을 한다.


### 걷기, 나를 내려놓는 의식

걷기는 누구나 마음만 먹으면 바로 실천할 수 있는 좋은 운동이다. 그저 운동화 하나만 준비하면 편안하게 걸으면서 생각을 할 수 있다. 한 시간 정도 걸으면 흠뻑은 아니지만 이마에 땀이 제법 맺힌다. 그러면 기분이 상쾌해진다.

걷는다는 것.

그것은 시간을 중단하는 것이 아니라 시간과 조화를 이루는 것이다. 구애받지 않는 자유로움을 의미한다. 지나치게 주위를 경계하며 관찰하는 태도는 오히려 걷기의 즐거움에 방해가 된다. 그렇게 되면 오히려 걷는 순간의 즐거움을 잃어버리게 된다. 길은 걷는 것은 행복하다. 길이 나를 어디로 데려다 줄지 모를 때조차도 그 예측할 수 없는 길에 대한 기대가 더욱 나를 고조시킨다. 인생도 마찬가지다.

나는 걸으면서 미래를 생각한다.

행복한 미래에 대한 생생한 상상은 이 생각 저 생각으로 이어진다. 이것은 걸어가는 사람만이 누릴 수 있는 특권이다. 그래서 행복하고자 한다면 우선 길을 나서고 볼 일이다. 절대로 빨리 가려 하지 말고, 어디로 닿으려 하지 말고 그냥 걸어가 보는 것. 그러다 보면 그 걸음 속에서 이미 스스로 행복해하고 있음을 느끼게 된다.


### 땀방울은 한 모금 물의 소중함을 가르친다

성공과 행복은 인생이라는 여정에서 많은 사람들이 붙잡고자 하는 목표다. 하지만 목표에만 너무 집착해 지나치게 조바심을 내면 쉽게 지쳐 중도에 포기하기 십상이다. 때론 빠른 길만 찾다가 오히려 길을 헤매느라 세월을 낭비하는 경우도 흔하다.

그러나 목표에 집작하지 않고 지금 내딛고 있는 한 발 한 발에 집중하다 보면 어느새 당신이 목적지에 도달하는 순간이 올 것이다. 이처럼 성공과 행복은 충실한 과정을 거침으로써 저절로 따라오는 거다.

인생은 걷기와 비슷하다. 처음부터 몇 보를 걷겠다고 헤아리고 따지면 몇 배나 더 힘들게 느껴진다. 하지만 목표점을 생각하지 않고 나의 호흡에 집중하여 꾸준히 몸을 움직이면 언젠가 멈추어야 할 시점에 도달한다.

인생도 마찬가지다. 힘든 때일수록 언제쯤 여기서 벗어날 것인가를 생각하기보다는 내 앞에 놓인 순간순간에 집중력을 발휘해야 한다. 그러다 보면 어느새 위기를 벗어나 원하는 것을 손에 쥔 자신을 발견하게 될 것이다. 걷기를 할 때 정말로 힘이 부치는 극한의 경지에 도달해야 비로소 운동능력이 향상된다.

그리고 그러한 땀방울 이후에 마시는 한 모금의 물이 얼마나 달콤한지는 오직 땀을 흘려본 사람만이 느낄 수 있는 특권이다. 몸이 불균형하면 마음도 따라서 불균형해진다. 체력이 떨어지면 마음의 여유가 없어지고 자신감마저 상실되기 쉽다. 몸과 마음이 건강해야 자신이 가진 재능이나 기량을 마음껏 펼칠 수 있다.

## 건강을 정복하라

몸이 건강하지 않다면 그동안 꿈꾸던 모든 것을 다 이룬다고 한들 무슨 소용이 있겠는가? 우리는 매일 아침 일어날 때 활력에 넘쳐 새로운 하루를 맞이할 준비가 되어 있는가? 아니면 잠자리에 들기 전처럼 여전히 피곤하고 여기저기가 쑤시고 지겨운 하루의 시작을 짜증으로 맞아하는가?

17세기 내과의사인 토머스 모펫 Thomas Moffect 의 말을 빌리면 우리는 "치아로 우리의 무덤을 파고 있다."고 한다. 우리는 영양이 거의 없는 고지방 음식으로 몸을 채우고 있고, 담배와 술 등으로 몸속에 독을 주입하고 있으며 텔레비전 앞에서 빈둥빈둥 시간을 보내면서 몸을 혹사하고 있다는 것이다.

남 보기에도 좋을 뿐 아니라 스스로도 활기차게 목표한 바를 이룰 수 있고, 자신의 인생을 지배할 수 있도록 건강을 관리하는 것은 성공의 기본이다.

**CHAPTER 7**

# 수평적 리더십은
# 새로운 가능성이다

**구본형**

사무치는 자신에 대한 열정을 안고 돌아올 수 없는 강을 건너라.
그곳에서 그대 고유의 브랜드로 마침내 서라.

        동교동 사무실로 출근하지 않고 일산에서 혼자 개인 사무실을 쓰면서 원격으로 회사를 관리한지도 6년이 지났다. 대부분의 사람들은 나의 그런 조치를 집 가까이 사무실을 얻어 좀 더 편한 생활을 하고자 한다는 의도일거라 생각한다. 하지만 내가 동교동 사무실에서 떨어져 나온 이유는 따로 있다.

    6년 전이면 내 나이 마흔 여덟인데, 이쯤이면 나의 노하우를 후배들에게 전수하고 내가 해 오던 역할을 그들이 대신 해야 한다는 생각을 했다. 더 중요한 또 다른 이유 중 하나는 조직 발전과 내 개인의 미래 발전을 위하여 또 다른 생산적인 일들을 찾기 위해서였다. 그래서 실천한 것이 내

자리에서 한 걸음 물러나는 것이었다.

그렇게 나는 내 권한을 후배들에게 부여했다. 회사의 후배들이 하고 있지 않은 일들을 생각하며 미래의 청사진을 그려야 했다. 많은 사람들이 조직이나 단체를 관리할 때 자신의 자리를 내려놓지 않고 언제까지나 자신의 뜻대로만 권한을 행사하려 한다.

물론, 그래서 성공한 조직도 있겠지만 조직에 생기를 불어 넣고 후배들에게 희망을 주려면 내가 그 자리에 없을 때 나 대신에 다른 사람, 그리고 그가 물러난 다음에는 또 다른 후배가 그 자리를 이어야 한다고 생각한다. 그것이 삶이라고 생각한다.

나는 각 지점의 책임자들과 소속직원들을 절대적으로 믿는다. 내가 일하면서 배운 것을 직접 가르쳐주는 것도 중요하겠지만 스스로 중요 결정권자가 되어 책임을 느끼며 권한을 행사하는 것이 무엇보다 중요한 노하우라 생각하기에 나는 사무실에서 벗어나 조금은 객관적인 시각으로 우리 회사를 지켜보고 있는 것이다.

### 리더는 자신의 경험으로 후배에게 자양분을 공급한다

회사를 운영하는 것은 생각하는 것보다 훨씬 힘든 일이다. 그리고 직원들이 스스로 업무 영역을 개척해 가고, 문제점 또한 자발적으로 해결해 나가기를 바란다면 리더가 먼저 직원들에게 신용을 얻어야 한다. 다시 말해 내가 먼저 솔선수범해야 한다는 것이다.

미국의 작가 밥 로스Bob Ross가 쓴 「퍼니 비즈니스」를 보면 즐거움을 경영전략으로 활용하고 있는 사례가 돋보이는데 사우스웨스트 항공의 펀Fun 경영도 그 중 하나다. 사우스웨스트 항공의 신입사원들은 입사 후에 사전에 제작된 영화를 보며 회사가 그들에게 기대하는 바를 깨닫는다. 신입사원 중 전형적이고 진부한 근무환경에서 생활해 온 사람들은 사우스웨스트의 독특한 기업문화를 보고 과연 어떤 반응을 보일까? 그들은 대기업의 최고경영자라는 사람이 대장이라고 불리고, 그 최고경영자가 "내 이름은 허브, 이곳의 대장이며 이 쇼를 책임진 사람이지요. 여러분의 성공 없이는 이 쇼는 사랑받을 수 없어요. 하늘에서든, 땅에서든!"하고 랩송을 부르는 모습을 보며 문화적 충격에 휩싸인다.

신입사원들은 이곳의 명랑한 분위기에 매료되며 직원들이 흥미와 즐거움을 느끼며 일할 수 있는 분위기를 조성하는 것이 사우스웨스트의 기업철학이라는 것을 깨닫는다. 사우스웨스트 조직 내부에는 명랑한 마음가짐을 유지하고 고취시키기 위해 100명의 직원들로 구성된 문화 위원회도 운영한다. 이처럼 올바른 리더란 자신의 경험을 바탕으로 후배들에게 조언자 역할을 하는 사람이다. 자신의 경험을 거름으로 자양분을 공급해야 한다.

### 수평적 리더십은 새로운 가능성이다

월드컵 4강 신화의 주역 히딩크 감독의 리더십도 수평적 리더십의 전형이다. 그는 당시 한국 축구 선수들이 선배와 후배로 나뉘어 식사를 하는 모습을 보고 크게 꾸짖었다고 한다. 그리고 선후배 사이에도 훈련 중에는 서로 이름을 부르게 했다. 또한 히딩크는 선수 선발에 오직 실력만을 적용하여 공정함을 유지했다.

즉, 팀 안에 남아 있던 서열과 신수 신발과정에서 특혜를 없애 완전경쟁시장을 만들었다. 철저하게 능력 위주로만 선발된 새로운 선수 진을 탄생시켰다. 그래서 박지성과 같은 숨은 보물을 찾아낸 것이다.
 대신 히딩크는 선수들에게 최고의 호텔과 최고의 훈련조건을 제시했다. 모든 스텝을 세분화, 전문화시켰으며 과감한 전술 훈련을 친선경기에서 구사했다. 처음에는 눈에 보이는 성과가 없었다. 하지만 새로운 그의 리더십은 월드컵 본선에서 4강 신화라는 값진 결과로 빛났다.

## 리더는 먼저 스스로를 바로 세울 수 있어야 한다

 리더는 먼저 스스로를 바로 세울 줄 아는 사람이어야 한다. 성공한 리더들은 공통적으로 자기중심을 잃지 않으면서 세상과 자유자재로 소통하는 열린 태도를 지니고 있다.
 정체성이 바로 서 있지 않는 사람이 리더가 되면 타인을 잘 믿지 못하고 타인의 정체성을 존중하지 않는다. 세상에서 믿을 사람은 오직 나뿐이라고 생각하며 타인 위에 군림하려 든다.
 하지만 리더는 결코 높은 자리에 있는 사람이 아니다. 산 정상에 오르면 아래에서는 보이지 않던 것까지 볼 수 있는 것처럼 전체를 다 보는 위치에서 조직 구성원들의 각자 역할을 돕는 멘토이다.

## 사람들은 저마다 꿈을 가지고 있다

 사람들은 저마다 꿈을 가지고 있다.
 다른 사람에게 희생과 봉사, 복종을 요구하는, 나만을 위한 꿈이라면 결코 함께 꿈을 이룰 수 없다. 나의 꿈에서 모두의 꿈으로 커질 때 진정한 공유가 이루어진다. 가장 소중한 재산도 바로 나누는 마음이다.
 모두가 함께 목표에 도달하려면 먼저 그것은 모두의 목표이어야 한다. 리더는 공동의 목표를 제시하여 모두를 결속시켜야 한다.

**CHAPTER 8**

# 마음의
# 힘을 구성하는
# 비밀

**Michelagniolo**
한 작품을 만들어내기 위해서 얼마나 많은 노력을
기울이는지 아는 사람은
내 작품이 조금도 경이롭지 않을 것이다.

　인생의 길을 가면서 내가 한 가지 터득한 진리는 내가 갈 지점을 미리 가보는 것이다.
　앞에서도 언급했다시피 쉰의 나이에서 아흔 살의 삶을 그려보면 그림이 잘 그려지지 않지만, 바라보는 시점을 아흔으로 옮겨서 지금의 쉰의 나이를 바라보면 아흔까지의 길이 보일 것이다. 즉, 미래에 도달한 곳에서 지금을 돌아보면 현재 무엇을 해야 하는지가 오히려 자명해진다.
　길의 과정에는 항상 수많은 일들이 따른다. 다만 그것을 때로는 정면으로 맞서 극복해야 할 때도 있고, 때론 그 길이 주는 어려움에 순응하고 몸을 낮추기도 해야 한다.

골프를 칠 때도 똑같은 원리가 적용된다. 보통 앞에서 바람이 불 때면 공기저항 때문에 공이 덜 나간다. 이럴 때 대부분의 사람들은 골프채를 더 꽉 쥐고 공을 세게 치려는 경향이 있다. 하지만 이것은 일차원적인 대처방법이다. 이럴 때 골프를 잘 칠 수 있는 방법은 본래의 거리보다 더 멀리 보낼 수 있는 클럽을 선택해 오히려 부드럽게 치는 것이다.

자연의 이치를 깨달아야 한다. 특히 운송할 때는 더욱 자연의 이치에 순응해야한다.

2010년 아이슬란드에서 화산이 폭발한 적이 있었다. 화산 폭발의 여파로 화산재가 날아와 유럽 전역을 시커멓게 뒤덮었는데 이로 인해 유럽전역의 비행기가 모두 올 스톱All Stop 되었다. 일차원적으로 접근하면 한국과는 무관하다고 여겨진다. 하지만 유럽에서 비행기가 뜰 수 없다면 한국에서도 비행기가 뜰 수 없다. 이렇듯 비행기는 오가는 것이라는 간단한 진리도 우리는 놓치고 만다.

따라서 물류는 우리 몸의 핏줄과도 같다. 먼 아프리카에서 발생한 일이라도 그곳에서 원자재가 못 들어와 우리나라의 모든 물가가 오르기 시작한다.

### 세상을 바꾸는 직관의 힘

「블링크 첫 2초의 힘」의 저자 말콤 글래드웰Malcolm Gladwell은 지금처럼 빠르게 변화하는 시대에 가장 중요한 덕목의 하나로 직관적인 판단력을 꼽았다. 우리는 어떤 일을 처리하기 위해 충분한 시간과 노력을 들여 정보를 수집하고 합리적인 결론을 얻었다고 생각될 즈음엔 이미 주변 환경이 변해 무용지물이 되는 시대에 살고 있다. 따라서 그 어느 때보다 빠른 의사결정능력과 미래를 예측하는 직관력이 요구된다. 소위 감感이 빠른 사람이 조직을 발전시키고 조직원의 신뢰를 받는다.

누구나 직관을 갖고 있지만 그 정확도는 사람마다 차이가 난다. 그 이유는 무엇일까? 직감에는 단순히 그럴 것 같다는 느낌 이상의 것이 포함되어 있기 때문이다. 말콤 글래드웰의 말을 빌리면 '순간적 판단은 우리의 무의식이 그동안 축적되어 있던 전문 지식과 경험을 종합해 내놓은 결과' 다. 그러므로 다양한 경험을 많이 쌓은 사람일수록 직관력이 뛰어날 수밖에 없다.

작은 바람에도 태풍을 알아채는 어부의 직감은 수많은 시간을 거친 바다에서 땀 흘린 뒤에 얻어진 것이다. 이처럼 직관력은 경험을 쌓고 적절히 훈련하는 과정에서 더욱 빠르고 정확해질 수 있다.

세상에는 이론이나 논리만으로 설명되지 않는 일들이 너무 많다. 또 논리만으로 해결되지 않는 일들도 굉장히 많다. 풀기 어려운 문제일수록 더더욱 그렇다. 그래서 꼭 필요한 것이 바로 직관의 힘이다.

### 직관은 보이지 않아도 아는 믿음이다

리더십 전문가 신완선 박사가 쓴 『컬러 리더십』에는 IBM의 창업자 토머스 왓슨 1세의 예가 나온다. 마이크로소프트의 빌게이츠도 젊은 시절 왓슨의 경영 리더십을 벤치마킹했을 정도였던 그는 왓슨 2세를 탁월한 경영자로 성장시켰다.

평소 IBM은 독점금지에 대해 정부로부터 심한 압력을 받아오다 마침내 고발 당하는 사태에 이르렀다. 왓슨 1세는 합의서에 서명하는 것을 결사반대했는데 재판에 회부될 상황이 되자 2세는 어떻게 하던지 재판

만은 피하고자 아버지 몰래 검사와 판사를 만나 협상을 벌였다.

그러던 어느 날, 막 법원에 가려던 2세가 아버지를 우연히 만나는 바람에 사실이 드러나고 말았다. 머리끝까지 화가 난 아버지는 "가서 그 사람들을 만나긴 하되 어떤 결정도 내리지 마라!"고 버럭 소리를 질렀다.

크게 무시를 당한 것 같아 화가 난 아들은 법원에 와서도 마음이 진정되지 않아 어떠한 말도 귀에 들어오지 않았다. 그때, 아버지의 비서로부터 한 장의 쪽지를 받게 된다. 아들은 직관적으로 쪽지의 내용이 매우 중요하다는 것을 느낀다.

쪽지에는 "100퍼센트 신뢰한다.……. 고맙다……. 그리고 너를 칭찬하고 싶다. 사랑하는 아버지가……."라는 말이 적혀 있었다. 아들은 감격해 그 자리에서 눈물을 흘렸다. 합의서에 서명을 했음은 물론이다. 그 이후, 아버지는 아들의 예스맨이 되어 그를 항상 격려해 주었고 아들도 아버지 못지않은 경영 능력을 발휘했다.

### 마음의 힘을 구성하는 비밀

최근 사회적 트렌드를 살펴보면 마음의 힘이 중요하다는 메시지가 대세다. 염원하는 대로 이루어진다는 자기 계발서가 베스트셀러에 오르고, 광고 기법에도 이런 경향이 반영되고 있다. 스토리텔링 기법이라고 해서 문제를 논리적으로 접근하기보다는 이야기를 하듯 쉽게 풀어서 쓰는 기법도 널리 보급되고 있다.

그렇다면 지금 우리에게 불어오는 바람, 마음의 힘이란 도대체 무엇인가? 세상을 지배하는 코드로 왜 마음의 힘은 등장했을까? 사람들은 보통 마음의 힘을 감성과 동일시한다. 그러면서 감수성이라는 다른 표현을 쓰기도 한다. 그래서 마음의 힘이라고 하면 시인이나 미술가를 생각하고, 평정심을 지닌 종교인을 생각한다.

하지만 마음의 힘은 사실 좀 더 복잡하고 체계적인 과학적 이론을 가지고 있다. 그렇다면 마음의 힘이란 어떤 능력을 말하는 것일까? 마음의 힘은 대략 다음과 같은 능력이 뛰어난 것을 의미한다.

첫째, 내면의 기분을 정확히 인식하고 이를 통해 스스로 직관적인 결단을 내릴 수 있는 능력이다.

둘째, 충동을 자제하고 불안과 분노 같은 스트레스의 원인이 되는 감정을 제어할 수 있는 능력이다.

셋째, 목표를 추구하다가 실패를 했을 때에도 좌절하지 않고 자신을 격려할 수 있는 능력이다.

넷째, 다른 사람의 감정에 공감할 수 있는 공감능력이다.

다섯째, 집단 내에서 조화를 유지하고 다른 사람들과 협력할 수 있는 사회적 능력이다.

사람들은 제각기 다른 마음의 힘을 가지고 있다. 그러므로 다양한 마음의 힘에서 자신만의 창조력을 끌어내는 것은 각자의 몫이다. 또한 다른 사람과 협력하고, 남을 이해하는 사회적 능력도 필요하다. 이것은 각자의 핵심가치이자 비전이 될 것이다.

CHAPTER9

# 신뢰는
# 기업평판의 주춧돌이다

Robert A. Eckert

신뢰는 기업 평판의 주춧돌이다.
그리고 그 결과 주주가치가 창조된다.

고객의 입장에서 새롭게 거래를 개설하고 싶은 기업의 조건은 무엇일까? 한 번 거래를 해보고 또 거래를 하고 싶은 기업의 조건은 무엇일까?

여러 가지 조건이 있겠지만 내가 생각할 때, 첫 번째는 신용이 있는 기업, 안정감이 있는 기업이다. 그렇다면 그러한 기업이 되기 위해서는 어떻게 해야 할까?

특별한 비법은 사실 없다. 다만, 꾸준히 일관된 모습을 유지하는 것이 신뢰의 시작이다. 예를 들어 직장생활을 할 때나 사업을 시작한 지 19년 된 지금도 나는 오전 7시에 출근해 하루의 업무를 시작한다. 그리고 내

휴대전화 번호도 최근 스마트 폰으로 바뀌면서 국번에 번호 한자리가 추가된 것을 제외하고는 바뀐 적이 없다. 가끔 우리 회사 등기부등본을 제출할 때가 있는데 19년 사업한 회사의 등기부등본 역시 딱 3장이다.

한 번은 서류를 제출했더니 담당 공무원이 나를 불러 "이거 뭐 잘못 가져온 거 아닙니까?" 하고 묻기도 했다. 사업한지 19년 되었는데 왜 이렇게 바뀐 게 없느냐는 질문이었다. 이렇듯 우리 회사 등기부등본은 그동안 몇 번 사무실을 이전하였기에 발생한 주소의 변동 말고는 그대로다. 다른 사람 명의로 대표자를 옮겨 놓거나 회사를 사고 판 적도 없다. 세월이 지나면서 관공서나 금융기관 등에서 우선 신뢰가 간다고 말하니 무엇보다 내가 자랑스럽게 여기는 점이다.

이렇듯 이름이 잘 바뀌지 않는다는 말은 기업 이미지라는 측면에서 굉장히 중요하다. 다시 말해 (주)우영종합물류는 항상 언제든지 그 자리에 그 사람이 있다. "잠시 사정이 있어서……." "실수네요, 죄송합니다." 와 같은 변명은 우리 회사에서 통용되지 않는다. 다만 모든 시스템을 현장의 상황에 맞춰 합리적으로 운영하려고 한다.

나는 매일 해외 전자 우편 확인과 결재를 마친 후, 오전 9시부터 전국 및 해외의 지사들과 릴레이 전화 통화를 진행하는데 이때도 9시에 전화하는 직원, 9시 10분에 전화하는 직원, 9시 20분에 전화하는 직원 등 순번이 다 정해져 있다. 그리고 그 시간에는 해당 직원과 반드시 통화를 한다. 어찌 보면 너무 답답하게 인생을 사는 것 아닌가 하는 생각도 들겠지만 익숙해지면 굉장히 편하다. 오전시간 중에 정해진 10분만 나와 전화 통화를 하면 되니 나머지 시간의 방해를 받는 것이 줄어든다.

당연히 나의 하루 일정도 그들에게 알려 언제든 나를 찾을 수 있도록 하고, 그들의 알권리도 충족해 준다.

### 한 놈만 팬다

'한 놈만 팬다.'는 습관은 나의 일상생활에서도 그대로 적용된다. 식당도, 술집도, 나는 가는 곳만 간다. 그리고 우리와 거래하는 협력업체도 좀처럼 바뀌지 않는다. 그런데 그렇게 하면 식사를 할 때도, 술 한 잔을 할 때도 주인이 오히려 무엇이든 더 못 줘서 안달이다. 유럽출장을 다녀보면, 독일이나 영국, 이탈리아의 외국인 친구들이 내가 온 기념으로 그들이 오랫동안 다니던 식당에 데려가는데, 식당 주인이나 주방장과 서로의 안부를 묻고 나면 놀랍게도 그들은 오랜만에 온 나의 식성을 기억해 내가 좋아하는 요리를 만들어 준다.

무엇이든 곧이곧대로 해야 하는 내 습관은 예전부터 이어오던 것이다. 휴대전화도 없던 시절, 친구들과 술에 취해서 한 약속이라도 일단 하기만 하면, 어떠한 일기 변화에도 그날 그 시간에 무조건 나가서 기다린다. 어떤 날은 혼자 폭우 속에서 기다리다 아무도 나타나지 않아, 다음 날 연락을 해보면 친구들은 "야, 비가 이렇게 오는데 누가 나가냐?" 며 오히려 나에게 타박을 주기도 한다.

그런데 나는 이런 것이 안타깝다. 물론 그들이 볼 때는 내가 바보 같겠지만 이러한 사소한 약속 하나, 자신이 말한 것을 지키려는 노력, 무엇보다 스스로의 결심에 대한 실천. 이런 것 하나, 둘이 모여 결국 삶이 달라지기 때문이다.

### 위기극복의 시작, 남아있는 것에 대한 집착을 버려라

위기를 극복하기 위해서는 지금 가지고 있는, 남아있는 것들에 대한 집착을 버려야 한다. 침착하고 빠르게 상황을 판단해야 한다. 슬퍼하거나 분노하여 스스로 혼란에 빠져 있어서는 상황을 극복할 수가 없다.

    위기 극복을 위해서는 실패를 인정하는 것이 먼저다. 실패를 인정하는 것은 한 순간이지만 진실을 은폐하려 든다면 자신뿐만 아니라 주변에까지 실패의 영향이 미치게 된다. 누구나 실패를 할 수 있지만 그 다음에 어떻게 행동하느냐가 인생의 분기점이 된다. 이처럼 기회는 위기 속에 함께 온다. 그리고 위기극복은 오히려 어려움 속으로 한 걸음 나아가는 것이다.

### 재기의 시작은 몸으로 보여주는 것이다

    기업경영에 있어 만약 당신이 바닥을 치고, 재기를 꿈꾸고 있다면 앞으로 최소 1년 이상은 말을 줄이고 행동으로 보여주어야 한다. 만약 그것을 지킨다면 당신은 일어설 것이다. 왜냐하면 주변에서 먼저 당신의 재기를 도와줄 것이기 때문이다.

    그 누구도 혼자서 재기할 수는 없다. 실패한 사람들이 재기할 수 있는 가장 큰 이유는 주변에서 도움을 주기 때문이다. 하지만 주변 사람들이 당신을 도와주기 위해서도 대의명분이 필요하다. 당신이 말이 아닌 행동으로 실천해야 하는 이유는 바로 그것이다.

### 위대한 꿈을 꾸자

    당신의 꿈과 꿈을 이루기 위해 실천하는 모습이 주변사람들의 기준과 부합해야 그들은 당신을 도울 것이다. 당신이 세상의 기준과 부합하는 위대한 꿈을 꾸어야 하는 이유는 바로 이것이다.

　인생의 반전에 성공한 대부분의 사람들은 용기란 두려움이 없는 상태가 아니라 두려움에도 불구하고 도전하는 것이라고 말한다. 그리고 그때 다시 시작하지 않았더라면 아마 지금은 엄청난 후회를 하며 살고 있을 거라는 말도 덧붙인다.

　영국의 소설가 맨스필드Mansfield는 우리의 인생에서 만나는 어려움에 대해 다음과 같은 위로의 표현을 했다. '인생은 평화와 행복만으로 지속될 수 없다. 고통과 노력이 필요하다. 고통을 두려워하지 말고, 슬퍼하지 마라. 참고 인내하면서 노력해 가는 것이 인생이다. 희망은 언제나 고통의 언덕 너머에서 기다린다.'

CHAPTER10

# 공정사회가
# 우리의
# 미래를 연다

Ralph Emerson

사람들을 신뢰하라. 그러면 그들은 당신에게 충실할 것이다.
사람들을 위대한 사람으로 대하라.
그러면 그들은 위대함을 보여줄 것이다.

       독일의 뮌헨Munich에서 약 40분 떨어진 란츠후트Landshut 에 도착했다. 김포공항을 출발할 때 씩씩하던 모습은 어디 가고, 축 늘어진 어깨, 심하게 구겨진 셔츠에 쇠 구두를 신은 양 무거운 발걸음으로 호텔 종업원을 좇아가는 꼴은 거지나 다름없어 보였다.

 1999년 당시에는 김포공항에서 프랑크푸르트Frankfurt까지 약 13시간, 프랑크푸르트에서 뮌헨까지 2시간 기다린 후, 다시 비행기를 타고 1시간, 그리고 호텔 셔틀버스로 40분을 와야 호텔에 도착할 수 있었다.

 그러나 이런 장시간 여정보다 날 더 힘겹게 만든 건 국내 거래처와 생긴 문제에 대한 해결책을 찾아야하는 절박한 심정이었다. 약 8년간 함께 일해

온 거래처와 큰 문제가 발생한 것은 불과 6개월 전이었다.

그 거래처는 독일에서 공장 증설 설비를 수입하려고, 여러 포워더 Forwarder 와 가격 경쟁을 시킨 후, 독일 란츠후트에 소재하는 공급자 공장에서 한국 천안 소재 공장까지 운송 주선을 우리 회사에게 맡겼다.

그 당시에는 곧 닥쳐올 커다란 문제를 모른 채 그저 기쁘기만 했다.

거래처가 원하는 날짜와 견적 가격대로 운송은 원활히 진행되었지만, 수금을 앞두고 생각지 않은 곳에서 문제가 도사리고 있었다.

유럽 주요항 및 터미널들을 샅샅이 뒤져내어 공급자가 원하는 지붕 없는 컨테이너 Open Top Container를 어렵게 구해 공장 증설 공정에 차질이 없도록 하였지만 거래처는 고마워하기는 커녕 '일반 컨테이너 Dry Container를 사용해야지 누가 지붕이 없는 컨테이너를 사용하라고 했느냐' 며 우리에게 책임을 물었던 것이다. 만사를 제쳐놓고 거래처를 설득하고 설명하기 위해 매일 동분서주했지만, 거래처의 책임자로부터 들은 답변은 우리를 어이없게 만들었다.

거래처 담당자가 업무를 잘 몰라서 일반 컨테이너를 사용하겠다고 했고, 임원에게 그 예상 금액만 내부 결재 받아놓은 상황이니 어쩔 수 없다는 것이었다.

일반 컨테이너와 지붕 없는 컨테이너의 가격 차이는 약 3배 이상 차이날 뿐 아니라 처리한 컨테이너 수량이 제법 많았기에 전액을 수금하지 않으면 회사 존재에 문제가 생길 수 있었다. 더욱이 미결이라는 이유로 6개월 동안 한 푼도 수금하지 못한 상태에서 우리는 선사와 독일에이전트에게 선임과 해당 이익금을 지불 및 송금하였기에 자금 유동성 문제가 나날이 심각해지는 상태였다.

이런 상황에서 마지막 희망을 갖고 독일 땅을 밟은 우리는 란츠후트 소재 공급자를 설득했고, 우리의 임의 판단이 아닌 공급자의 요청에 의하여 우리가 지붕이 없는 컨테이너를 제 시간에 제공했음이 기록된 공식 문서를 수령

하였다. 또한 그 공급자는 국내 거래처의 책임자와 통화하여 이러한 사실을 확인시켜 주었다. 그것은 전액을 수금할 수 있다는 가느다란 희망이 되었다.

하지만 귀국 후, 형평성에 전혀 맞지 않고, 공정하지 않은 협상에 분노할 수밖에 없었다. 전액을 지불하게 되면, 담당자와 책임자 자신이 회사 내에서 불이익을 당하게 되므로 전액의 2/3만 지불·수금하는 것으로 이 건을 종결짓고 그들이 향후 거래를 하면서 보상하겠다고 했다. 우리는 선택의 여지가 없어 받아들이긴 했지만 그 후 그들과 만나기는커녕 전화 통화도 할 수 없었다.

이렇게 기막히고, 상식적으로 이해할 수 없는 일들이 우리 주변에서 비일비재하게 일어난다. 억울하게 부당한 대우를 받을 때도 많다. 부당한 일은 지금도 일어나고 있다. 요즘 화두가 되는 '공정사회' 나 '대기업의 횡포' 도 그러한 것이다.

### 공정사회가 우리의 미래를 연다

2012년 18대 대선을 거치면서 우리 사회에 제기된 화두 중 하나는 경제민주화와 공정사회다. 나는 이러한 가치가 반영된 사회가 반드시 올 것이라 생각하며 평소 이 두 가지 화두에 대해 많은 관심을 가지고 있었다.

처음 사업을 시작했을 무렵인 1990년 초만 하더라도 향응 접대와 리베이트가 성행했고, 자신의 이름으로 사업을 하지 않는 것 또한 너무 쉽게 용인하던 분위기였다.

그러다 1997년 말, IMF(International Monetary Fund, 국제 통화 기금)으로부터 한국사회가 지배를 받는 경제위기가 도래하면서 많은 사람들이 자신의 이름을 잃게 되었다.

그러면서 사람들은 신용이란 것이 중요하다는 것을 차츰 느끼게 되었는데 역설적으로 이러한 인식의 전환이 우리사회를 신용사회로 만드는데 기여했다.

공정사회公正社會는 누구에게나 기회가 균등하게 주어지고 그 주어진 기회 속에서 자신의 능력을 자율적으로 발휘해 경쟁함으로써 사회적 성공을 이룰 수 있는 사회를 의미한다. 쉽게 말해 특혜를 부여함 없이 누구나 같은 출발점에서 시작하는 사회다. 이러한 가치는 우리 같은 중소기업이 사업해 나갈 때나 젊은이들이 미래를 꿈꿀 때 전제가 되는 사회 토대라고 할 수 있다. 우리사회가 공정하다는 생각이 들어야 자신도 성공할 수 있다는 확신을 가지고 스스로의 가치를 실현하기 위한 도전도 하게 된다.

우리사회가 공정사회만 된다면 현재의 국민소득 2만 달러 시대에서 3만 달러 시대까지 쉽게 성장할 수 있다고 생각한다.

누구든 열심히 노력하면 잘될 수 있다는 신념이 사회적 분위기로 조성되고 무한경쟁 속에서도 정도正道를 걷는 사람들이 많아진다면 대한민국은 기회의 땅으로 거듭나게 될 것이다. 그렇게 되면 해외인재들도 한국으로 몰려오게 되고, 건강한 해외자본도 우리나라에 유치될 것이다. 이렇게 될 때 대한민국이 한 발 더 앞으로 나아갈 수 있다.

공정사회가 가지고 있는 또 다른 핵심은 학력이 인재人才를 판단하는 조건이 아니라 한 분야에서 꾸준히 자신만의 길을 걸어온 기술과 기능이 대접받는 사회를 의미한다.

아직까지 우리사회는 고등학교를 졸업하면서 어느 대학에 진학했느냐에 따라 사회적 신분이 정해지는 경향이 있는데 학창시절 공부에서 두각을 나타내지 못한 사람이라도 이후의 노력 여하에 따라 인생의 역전과 재출발이 가능한 사회가 바로 공정사회다.

이러한 공정사회에서 중요한 것은 다른 사람을 위하는 이타심利他心이다.

받으려고만 할 때는 받을 수 없고, 먼저 주려고 할 때 오히려 받을 수 있는 것이 사랑인 것이다.

사람은 누구나 자기를 좋아해주는 사람을 좋아한다. 그러니 사랑할 줄은 모르고 사랑받기만을 바라는 사람은 갈수록 사랑받기 어려워진다. 존중이나 존경도 마찬가지로 내가 먼저 주어야 받을 수 있다.

어리석은 사람들은 내가 남을 존중하면 남이 나를 업신여길 것이라고 생각한다. 그러나 사실은 그 반대다. 내가 다른 사람을 존중하고 그의 감정에 공감할 때, 그도 나를 존중하고 나에게 공감할 마음을 연다. 자기 자랑만 잔뜩 늘여 놓으면서 자꾸 존경해달라고 은근히 강요하는 사람은 존경받기는 커녕 오히려 경멸을 당한다.

가장 딱한 사람들은 수단과 방법을 가리지 않고 남보다 권력이나 돈을 많이 갖게 되면 존경도 사랑도 자연히 얻게 된다고 믿는 사람들이다. 하지만 사랑과 존경은 그렇게 일어질 수 있는 것이 아니다. 권력을 두려워하고 돈을 부러워할지는 몰라도 돈과 권력이 존경과 사랑을 불러오진 않는다.

### 공정사회는 공정한 규칙에서 시작된다

세계적인 경영 컨설팅 회사인 CGEY<sup>Cap Gemini Ernst & Young</sup>의 부사장 프레드 크로포드가 쓴 『소비자 코드를 제대로 읽어라』에 보면 리츠 칼튼 호텔의 경영사례가 나온다.

리츠 칼튼 호텔은 원가에 약속비용을 셈해 넣은 대표적인 기업인데 청소부에서 경영진까지 모든 직원들이 고객의 문제나 불만을 처리하기 위해 2,500달러 한도 내에서 재량껏 비용을 쓸 수 있다.

어느 날 밤에 한 남자가 플로리다의 리츠 칼튼 호텔 바에 앉아 있었다.

술에 취한 남자는 담배를 피다가 멋있는 재떨이를 보고 웨이트리스에게 물었다.

"이 재떨이 가격이 얼마나 합니까?"

"파는 것이 아닙니다. 선생님." 그녀가 말했다.

"하지만 이 재떨이를 갖고 싶습니다. 진짜로 갖고 싶어요. 아주 멋있습니다." 남자는 계속 주장했다.

"이 재떨이는 파는 것이 아닙니다." 그녀는 정중하지만 분명한 어투로 말했다. 그래도 남자가 재떨이를 사고 싶다고 말하자 그녀는 잠깐만 기다리라고 말하고는 어디론가 사라졌다. 10분도 안 되어 그녀가 테이블로 돌아와 작은 선물 상자를 내밀었다.

"선물입니다. 선생님." 그녀가 말했다.

그 남자가 상자를 풀어보자 안에는 그가 그렇게 갖고 싶었던 재떨이가 들어 있었다. 그런데 새것처럼 보였다.

"이 재떨이는 파는 것이 아니라고 했는데……." 그가 약간 당황한 듯이 말했다. "예, 그렇습니다." 웨이트리스가 말했다. "제가 손님을 위해 샀습니다. 저것은 낡았거든요."

PART 4 ◆

# 30대,
# 습관을
# 바꾸면

# 인생이
# 바뀐다

나는 하늘의 세 가지 큰 은혜를 입고 태어났다.
그 세 가지 은혜는 가난한 것, 허약한 것, 못 배운 것이다.
나는 가난 속에서 태어났기 때문에 부지런히 일하지 않고는
잘 살 수 없다는 진리를 깨달았다.
또한 약하게 태어난 덕분에 건강의 소중함을 일찍 깨달아
몸을 아끼고 건강에 힘썼기 때문에
아흔이 넘은 지금도 겨울에 냉수마찰을 한다.
또 초등학교 4학년 때 중퇴했기 때문에
항상 이 세상 모든 사람을 나의 스승으로 받들어
배우는 데 노력하여 많은 지식과 상식을 얻었다.
때문에 이러한 불행한 환경은 나를 이만큼 성장시키기 위해
하늘이 준 기회라고 나는 생각한다.

— 마쓰시다 고노스케

**CHAPTER1**

# 스스로 정한 약속에 가장 엄격해야 한다

Thomas Edison
기회는 두꺼운 코트를 입고 있고
일처럼 보이기 때문에 사람들 대부분은
기회를 알아차리지 못한다.

    우리 업종이 타 업종과 다른 점은 24시간 일할 수 있다는 점이다. 다시 말해 이른 아침일수록 미주대륙의 퇴근시간 무렵이고, 제일 먼저 아침을 맞는 나라가 뉴질랜드다. 즉 우리가 일찍 출근하면 미국, 캐나다, 멕시코 등 미주대륙과 일을 할 수 있고 또 우리가 퇴근시간이라고 정해놓은 시간 이후에는 유럽이 활발하게 일을 하고 있다. 그러다 보니까 우리는 24시간 일할 수 있는 업종이다. 그래서 나는 어떻게 하면 직원들과 함께 생산성을 높이고 효율적으로 일을 할까, 고민을 많이 하게 되었는데 그래서 찾은 방법이 일찍 출근하는 것이다.

    나의 하루일과는 보통 오전 5시에 시작되어 6시면 이른 조식을 먹는다. 회사에 도착하면 7시정도 되는데 지금은 일산에 개인 사무실을 두고 있어 집이 가깝지만 사무실이 동교동이나 삼성동에 있을 때도 항상 그 시간에 출근을 했다. 보통 직원들은 오전 8시에서 8시 30분 정도면 출근하는데 직원들이 출근하지 전에 내가 처리해야 하는 일들은 대부분 끝나있다. 업무보고는 주로 그룹웨어를 사용하기 때문에 전날까지 나의 계정으로 주요한 이슈들이 올라와 있고, 나는 직원들이 출근하기 전에 프로젝트 관련 주요 사항들뿐만 아니라 거래처와 해외 파트너들 간에 일어나고 있는 사소한 것에 대한 파악이 끝나있기 때문에 직원들과 업무협의에 들어가는 시간도 몇 분이면 대부분 끝난다. 이런 식으로 나는 직원들이 자신의 업무를 제대로 처리할 수 있도록 내가 책임지고 있는 일에는 최선을 다하고 있다.

### 스스로 정한 약속에 가장 엄격해야 한다

매일 아침 5시면 일어나 하루일과를 시작한다는 습관 때문에 "이사장님, 그렇게 매일같이 일찍 일어나는 것이 힘들지 않아요? 무슨 비법이 있습니까?"라는 질문을 받기도 한다. 하지만 사실 비법 같은 게 있을 리 만무하다. 다만 나는 스스로 정한 약속을 지키는데 가장 엄격한 기준을 적용한다.

그 엄격한 정도의 기준은 내 자신, 내 가족, 내 임직원 순이기에 나를 이해하기 전까지는 내 주변 사람들이 매우 힘들어하고 괴로워하는 모습을 자주 볼 수 있다. 나와 가까운 사람이 된 것을 후회한 적도 많다고 하는 이들도 있다. 하지만 내 목적은 나와 남들을 괴롭히는 것이 아니다. 약속한 사항을 지키려는 것뿐이다. 나는 무슨 일이든 하기로 결심할 때까지는 꽤 신중하다. 하지만 일단 하기로 마음을 먹으면 완전히 몰두해 뿌리를 뽑는 성향이 있다. 바로 지금 여기, 내 앞에 있는 일에 온전하게 몸과 마음을 다하는 것은 나의 성향이기도 하지만 내 삶의 중요한 철학이기도 하다.

회사를 경영한다는 것은 자신의 일을 성실히 수행해야 하는 것 외에도 조직을 운영해야 하는 새로운 과제가 있다. 흥미로운 사실은 조직을 운영하는데 가장 중요한 명제가 거창한 것이 아니라 '솔선수범'이라는 네 글자의 단어라는 것이다. 즉 먼저 자신에게 엄격해야 조직도 따라온다는 뜻이다.

### 감정의 자기조절력을 기르자

12~13세기, 칭기즈칸의 삶은 유라시아의 광활한 초원에서 시작되었다. 그가 속한 부족은 황무지를 떠돌아다니는 유목민이었다. 그래서 칭기즈칸은 글을 몰랐다. 기약할 수 없는 이동과 끊임없는 전쟁, 잔인한 약탈이 그가 배울 수 있는 세상의 전부였다. 하지만 그러한 현실을 칭기즈칸은 극복해냈다. 그는 선대로부터 이어오던 내전을 종식시키고 몽골 고원을 통일한 다음, 바깥세상으로 달려 나갔다. 칭기즈칸의 성공 비결을 살펴보면 그 속에도 마음의 힘이 가진 비밀이 숨겨져 있다. 그것은 바로 칭기즈칸도 몽골 유목민의 성인식을 통해 감정의 자기조절력을 배웠다는 점이다.

몽골 사람들은 해마다 처음 닥치는 눈보라를 중시했다. 겨울 중 가장 날씨가 춥고 눈보라가 혹독한 날이 되면 소년들의 성인식이 거행되었다. 갓 열 살이 된 몽골의 소년들은 살을 에는 세찬 눈보라 속으로 말을 달려 무려 80km나 되는 길을 다녀오는 과제를 부여받았다.
그런데 날씨가 너무나 춥다보니 소년들은 출발점으로 돌아오면서 하나 같이 울분과 환희에 휩싸여 목청껏 소리를 질렀다고 한다. 이런 몽골의 성인식은 혹독했지만 현장에서 교육의 결과를 확인할 수 있었다. 눈보라를 뚫고 돌아온 소년들의 모습은 참혹하지만 그들의 눈빛만은 어느 장수 못지않게 형형했기 때문이다.

**자기분야에서 일가를 이룬 사람들은 자기관리에 능하다**

대한민국 최고의 피겨 스케이팅 선수 김연아도 언론과의 인터뷰에서 이렇게 말했다. "나에게 없었던 세 가지가 있다. 제대로 된 연습장, 이끌어 줄 만한 선배나 지도자, 그리고 적극적인 지원과 환경. 하지만 나는 세 가지 신념을 가지고 있었다. 김연아가 지치기 전에 얼음이 먼저 지친다. 사람이 저지르는 가장 큰 실수는 실수하는 것을 두려워하는 것이다. 두려움이 다가온다면 처음 시작할 때 꾸었던 꿈을 다시 생각하자."
자신의 분야에서 일가(一家)를 이룬 사람들이 있다. 이들의 공통점은 모두 철저한 자기관리에 능하다는 점이다. 우리는 그런 사람들을 보면서 그것을 타고난 천성이라고 부르지만 사실 자기 계발은 엄청난 노력으로 완성되는 것이다.
만약 마이클 조던이 의무감으로 매일 코트에 나가 연습을 했다면 과연 위대한 선수가 되었을까? 이처럼 한 분야에서 성공하려면 타인에게 너그럽되 자신에게는 혹독해야 한다.
어떤 기자가 최경주 골퍼에게 물었다.
"골프 말고 취미가 뭡니까?"

"연습이요."

여름에 하루를 놀면 겨울에 열흘을 굶는다는 말이 있다. 새벽달은 게으른 사람이 만나 보기 힘든 축복이다. 누구에게나 시간은 똑같이 주어지지만 그것을 유용하게 쓸 줄 아는 사람만이 새벽달이 주는 자연의 혜택을 경험할 수 있다.

하루하루 자신의 좋은 습관을 지키기 위해 성공한 사람들도 매일매일 자신의 본능과 싸우고 있다는 사실은 새롭고 흥미롭다. 그러므로 성공을 위한 길에서 우리가 만나게 되는 가장 큰 장애물은 바로 자신이다. 또한 성공은 오직 한 가지에 의해 좌우되는데 그것 역시 바로 자신이다.

다시 말하지만 우리의 운명을 통제할 수 있는 사람은 바로 자신밖에 없다. 어떤 길을 선택했던지 그것은 우리가 선택한 것이다. 선택의 결과를 칭찬하거나 비난할 사람도 자신밖에 없다. 그러므로 우리의 삶이 우리의 계획과 무관하게 흘러가 버렸다 하더라도 우리를 구하러 올 사람은 아무도 없는 것이다.

'모든 책임은 내가 진다.'는 미국 대통령 트루먼Truman의 말처럼 우리는 우리가 원하는 것은 무엇이든 할 수 있다. 이런 의지를 막을 수 있는 사람은 오직 자신뿐이다. 그러므로 스스로의 마음을 정복하는 일은 남을 이기는 것보다 먼저 해야 하는 성공의 첫걸음이다. 성공한 인생이란 자신이 하고 있는 일의 의미를 스스로의 철학으로 발전시켜 어제보다 나은 내일을 만들어 가는 삶이다. 그것은 우리에게 진정한 자유를 준다.

**CHAPTER2**

# 후회 없는 삶은 매순간을 알뜰히 태우는 것이다

**Emerson**
허약한 사람은 행운을 믿고
강한 사람은 원인과 결과를 믿는다.

      지금은 하루를 시간대별로 쪼개서 계획을 세우고 실천하지만 예전에 처음 직장생활을 할 때나 사업초기에는 지금보다 거래처 확보를 위해 현장을 많이 다녔기 때문에 하루를 시간대별로 쪼개서 실천하는 것이 불가능했다.

  그때 내가 적용했던 방법은 일주일을 기준으로 내 생활리듬을 설계하는 거였다. 계획을 세운대로 꾸준히 지키다보면 일종의 리듬이 생겨 심신이 편안한 상태를 유지할 수 있었다. 그리고 지금은 따로 시간을 내어 매일 한 시간씩 일산의 호수공원을 걷지만 예전에는 그 정도의 시간적 여유가 없어 출퇴근 시간을 이용해 하루에 한 시간씩 걸었다.

그 시절 집에서 나오면 오전 6시 정도 되었는데 날씨가 추운 겨울에는 착용하는 장비가 많아졌다. 별 준비를 하지 않은 채 기분에 따라 걷는 사람들이 많은데 이럴 경우 걷기 자체를 꾸준히 하기 힘들다. 당연히 추운 날씨에 방한 마스크나 장갑도 착용하지 않고 걷는다면 매일 누가 꾸준히 걷기를 실천할 수 있겠는가?

너무 당연하고 사소해 보이지만 이것이 꾸준히 실천하는 사람과 아닌 사람을 가르는 차이점이다. 무엇이든 꾸준히 지키는 사람은 그것을 하기 위한 노력과 준비도 많이 한다. 이렇듯 할 수 있다는 마음을 먹는 것도 중요하지만 그것을 꾸준히 실천해 나의 습관으로 만들려면 생각도 준비도 많이 해야 한다.

### 휴식은 재충전이다

한편 우리가 어떤 목표한 것을 이루기 위해서는 충분한 휴식이 필요하다. 휴식은 재충전이라는 차원을 넘어 어찌 보면 창조적 작업을 위해 반드시 거쳐야하는 과정이다.

그래서 많은 성공한 사람들은 자기만의 휴식기간을 가지고 있으며, 휴식기간에는 오로지 완전한 휴식을 취한다고 대답했다. 우리는 보통 휴식을 일하고 남는 시간을 소비하는 개념으로 받아들인다. 하지만 진정한 휴식은 창조를 위한 준비 과정이다.

그래서 만일 큰 일을 앞두고 있다면 성급히 그것을 바로 시작하는 것보다는 먼저 자신에게 충분한 휴식을 주는 것이 필요하다. 그래야만 본격적으로 일을 시작했을 때 추진력을 발휘할 수 있기 때문이다.

인생의 큰 의미에서 보면 휴식은 자신을 내려놓는 것이다. 휴식은 자신이 가지고 있는 모든 것을 주기적으로 내려놓고 참회와 성찰의 시간을 가지는 것이다. 이로써 사람의 내면에 거대한 에너지를 형성시킨다.

　사람은 누구나 앞으로 나가기 위해 먼저 뒤를 돌아봐야 한다. 좀 더 거창하게 말하면 내려놓음의 의식을 거치지 않고는 한 발자국도 앞으로 나아갈 수 없다.


### 목표는 눈에 보이는 것이어야 한다

　우리의 인생을 살아가는데 장기목표도 필요하지만 장기목표는 우리의 일상에 파고들어 동기부여가 되지 못한다. 그러므로 내가 주목하는 것이 단기목표다.
　즉 스스로 꿈꾸는 미래가 현실이 되기 위해서는 그 목표가 눈에 보이듯 생생한 것이어야 한다. 우리는 스스로의 목표를 하나씩 이루어가는 과정에서 스스로에 대한 믿음을 갖게 된다.
　한편 단기목표를 달성하는 동기부여의 방식 중 하나는 목표를 달성했을 경우 스스로를 칭찬해 주는 것이다. 이렇게 스스로에게 상을 주며 긍정의 에너지를 부여하는 것은 단기목표를 달성하는데 큰 힘이 된다. 나 역시 자신과의 약속을 지킨 것에 대한 보상을 매일매일 스스로에게 준다.
　목표달성 능력 개발을 다른 말로 표현한다면 습관을 개발하는 것이라 할 수 있다. 구구단을 외울 때처럼 실행능력을 몸에 익혀야 한다. 다시 말해 조건반사적으로 정답이 나올 때까지 지겹도록 과정을 반복하는 것이다. 실행능력은 연습을 통해서만, 반복을 통해서만 익힐 수 있다.
　우리의 타고난 재능은 연습을 통해 실행능력으로 완성되어 우리의 인생에 기적을 만든다.

## 긍정의 힘

한편 자신의 인생에서 성공하지 못한 대부분의 사람들은 다른 사람의 꿈에 대해서도 부정적으로 말하거나 그것을 이룰 수 없으니 포기하라고 말한다.

하지만 인생의 성공을 한번이라도 맛 본 사람들은 다른 사람의 꿈이 실현될 수 있도록 용기를 북돋아 준다.

"다시 한 번 도전해 보세요."

"더 이상 잃을 것이 없습니다. 배수진을 치세요."

우리의 인생에서 행운이 많이 찾아오게 하려면 이처럼 꿈에 대해 긍정적인 사람들과 가까이하며 그들에게 좋은 영향을 받아야 한다.

운Luck은 스쳐 지나가는 것일 뿐 결코 머물지 않는다. 반면 행운Good Luck은 스스로 만들어내는 것이므로 영원히 가질 수 있다. 하지만 만일 오늘 일을 내일로 미룬다면 행운은 결코 찾아오지 않을 것이다. 새로운 미래를 원한다면 그 시작이 분명 있어야 한다. 그 첫발을 오늘 당장 내딛어야 하는 이유는 바로 이것이다.

우리가 원하는 꿈이 아무리 큰 것이라도 그것을 실천하는 방법은 오직 하루하루 다가서는 것이며 한 걸음 한 걸음 걸어가는 것이다. 이러한 실천이 우리의 위대한 꿈을 이룬다는 사실을 믿고 다시 한 번 꿈을 꾸자. 다만 신념을 잃어서는 안 된다.

스스로에 대한 신뢰만이 실패가 주는 좌절과 다시 되돌아가고 싶은 나약함에서 우리를 벗어나게 할 수 있다. 후회 없는 삶은 매순간을 알뜰히 태우는 것이다.

**CHAPTER 3**

# 다시 시작하려면 약속을 지켜라

Spencer Johnson

멋진 미래의 모습은 어떠한지 그림을 그려라.
현실적인 계획을 세워 그것을 달성할 수 있게 하라.

1996년 05월 초 나는 김포 발 L.A.행 대한항공에 몸을 실었다.

사업을 시작한 지 얼마 되지 않은 시점이라 장기 해외출장은 많은 부담을 주었다. 내가 자리를 비운 동안 회사에 무슨 문제가 생기지나 않을까? 비싼 출장비를 지출해가며 꼭 출장을 가야 하나?

솔직히 처음 미국 출장을 갔을 때는 이러한 생각보다는 즐거움이 더 컸을 것이다. 그때는 내가 단독으로 창업 전이었기에…….

하지만 그 당시에 우리 회사에는 특히, LA에서 한국으로 수입하는 물량이 눈에 뜨이게 늘고 있는 실정이라 반드시 가 볼 필요는 있었다.

그 중 LA.로부터 약 1,800Km 남쪽으로 떨어진 멕시코 구아이마스에서 많이 잡히는 냉동 오징어를 냉동/냉장 컨테이너로 운송하는 물량이 상당 부분 차지하였기에 벌써 출장을 다녀왔었어야 하는 상황이었다.

LA 에이전트에 근무하는 분들도 궁금하였고, 업무 협의할 내용도 많았고, 현지의 상황 및 시장조사 또한 매우 중요한 사안들이었으므로 부담은 있었지만 걱정 반 설렘 반으로 쉽사리 오지 않은 잠을 청하기 위하여 지그시 눈을 감았다.

### 첫 골프의 추억

다음 날 H선사의 K지점장께서 한 번도 만나본 적도 없는 날 골프장으로 초대했다. 처리하기 골치 아픈 H사의 냉동·냉장 컨테이너를 우리 회사가 정기적으로 애용해 주었기에, 고마운 마음을 특별히 Private Golf장에 초대하는 것으로 표현한 것이었다.

하지만 내게는 날 초대한 분도, 그 말을 전하고 있는 내 앞 분도 그저 원망스럽기만 했다. Private CC로 초대받았다는 사실이 매우 즐거운 일인 양 주고받던 술잔도 내팽개치고 예약되어있던 2차 자리도 취소하고, 나는 골프 연습장으로 끌려가게 되었다.

2시간 동안, 골프클럽의 구성, 클럽 잡는 방법, 스윙 방법 등 기초적인 것들을 배운 후, 호텔로 돌아와서는 줄곧 '회사 걱정은 그저 빙산의 일각이었구나' 라고 중얼거렸다. 지금은 싱글을 치는 골프 실력이지만 그 당시에는 회사가 겪고 있는 상황보다도 어설픈 골프 실력이 당장에 더 걱정될 정도였다. 어설프게 스윙하는 모습을 거울에 비추어 보고 있던 내 모습은 지금 생각해도 입가에 미소를 짓게 한다.

## 다시 시작하려면 약속을 지켜라

실패를 하고 재기를 꿈꾸는 사람 중에는 주변에서 돕는 사람이 있는 경우가 있다. 대부분 사람들은 실패를 겪으면 도망가거나 한참을 충격 속에 빠져있고, 수면에 올라와서도 옛날 화려했던 시절 얘기나 하는데 비해 주변에서 돕는 사람은 다시 일어나기 위해 밑바닥부터 자신의 인생을 새롭게 시작한다. 그래서 주변에서 돕는 것이다. 물론 그 과정은 고통스럽다. 하지만 그렇게 노력하는 사람에게는 도와주는 사람들이 있다.

IMF를 겪으며 사업에 실패하거나 주식 등으로 인해 깡통계좌가 된 다음 나를 찾아와 도움을 청한 친구들도 꽤 많다. 어떤 이는 "성수야, 이번만 넘기면 일어날 것 같은데 돈 좀 해주라." 하기도 하고, 또 어떤 친구는 "성수야, 무엇을 해야 돈을 벌겠니?"하고 나에게 물어본다. 하지만 그렇게 쉬운 방법으로 성공하는 법은 어디에도 없다. 신성으로 자신의 과오를 반성하고 진지하게 어디서부터 시작해야 할지 상의를 해 오는 친구에게는 나 역시 진심으로 내 생각을 얘기한다. "만일 네가 다시 시작한다면 네가 가진 능력, 체력이나 재력을 동원하되 낮은 곳에서부터 길을 찾아라."라고 한다.

모든 사람들이 부러워하는 소위 잘나가는 직업은 이미 능력 있는 사람들이 자리를 잡고 있고, 그 경쟁에 뒤늦게 뛰어들어 이길 수 있는 확률은 적다. 또 현재 잘나가는 직업은 정상에 있기 때문에 내리막길밖에 없다. 따라서 지금껏 받은 고등교육과 사회생활을 하면서 익힌 노하우를 발휘해 사람들이 잘 안 뛰어들고, 무시하고, 피하는 곳에 뛰어든다면 다른 사람보다 훨씬 앞서갈 수 있다는 말이다.

내가 물류업을 처음 시작할 때만 해도 지금처럼 위상이 나아진 편이 아니었다. 하지만 적은 마진에도 불구하고 나만 열심히 하면 새로운 시장을 무한정 만들어 낼 수 있었고 해외시장에까지 눈을 넓혀 도전하다 보니 새로운 기회도 열렸다.

앞을 향해 나아가도 부족할 판에, 과거의 화려한 시절에 자신을 가두고 사는 사람들이 다시 일어서기란 쉽지 않다.

### 평생을 가는 지식은 경험에서 나온다

평생을 가는 훌륭한 지식은 경험에서 얻어진다. 그렇기 때문에 때론 몸으로 부딪히고, 경험하며 어려움을 이겨내는 노력이 꼭 필요하다. 힘든 삶 속에도 이웃과 나누며 행복을 실천하는 이들이 있고, 각자의 인생에서 주인공이 되어 삶의 작은 기적을 펼쳐보이는 이들이 있다.

스스로 책임지고 행하라. 자유란 두려움에도 불구하고 도전하는 것이다. 미래의 불확실성을 담보로 삶을 개척한다는 것은 누구에게나 두렵고 위험을 감수해야 하는 일이다. 하지만 스스로 그 길을 거부한다면 결국 타인의 뜻에 따라 행하고 움직이는 수동적인 삶으로 접어들 수밖에 없다. 지금도 각자의 삶에서 최선을 다하고 있는 모든 이의 인생에 존경을 표한다.

# CHAPTER 4

# 멀리 가려거든
# 함께 가라

**Rockefeller**
위대한 것을 위해서라면
좋은 것을 포기하는 것을 두려워 말아야 한다.

사업을 하는 많은 사람들이 자신의 고객이나 제휴 네트워크, 회사의 지분을 가진 임원을 비즈니스 파트너라고 생각하는데 경험상 제일 중요한 파트너는 함께 일하는 직원들이다. 함께 일하는 사람들과 호흡이 맞아야만 회사도 한 걸음 앞으로 나아갈 수 있고, 그렇지 못한 경우에는 불안정한 성장을 하기 때문이다.

만약 직원들이 로봇이라면 회사에는 로봇관리자 한 사람만 필요하겠지만, 직원은 감정이 없는 로봇이 아니다. 회사의 성패를 좌우하는 가장 큰 요인은 사람의 마음을 움직이는 것이다. 사람의 마음을 움직이는 방법은 몇 가지를 전제한다.

첫째는 경청이다. 나의 생각이나 주장을 먼저 이야기하기보다 남의 말을 잘 듣는 것은 합의를 이루는 데 반드시 필요하다. 둘째는 사람마다 차이가 있다는 사실을 인정하는 것이다. 우리는 상대방을 이해시키려고 엄청난 시간과 노력을 기울인다. 일방적으로 내 생각을 관철시키려는 것 보다 서로의 차이를 인정하고, 그것을 좁혀나가려는 방식이 훨씬 쉽다. 셋째는 사소한 약속이라도 잘 지키는 것이다. 작은 약속을 지키지 못하는 사람은 타인에게 신뢰를 받을 수 없다. 우리가 사소하게 생각하는 것. 예를 들면, 약속시간에 5분, 10분 늦는 것에 대해 관대한 사람들에게 직접적으로 말하진 않지만 사람들은 이렇게 생각한다. '시간 약속도 못 지키는 사람이 무슨 금전거래 약속을 지키겠냐고.'

한편 습관이라는 것은 한 번 길들여지면 바꾸기 힘들기 때문에 처음부터 좋은 습관을 들이려는 노력이 필요하다. 그런 차원에서 나는 난 사람보다 된 사람이 되는 것이 중요하다고 생각한다. 미국의 소설가 나다니엘 호손Nathaniel Hawhthorne의 소설「큰 바위 얼굴」에 나오는 것처럼 위대한 사람과 일은 멀리 있는 것이 아니라 우리의 내면과 주변에 있는 것이다.

## 솔선수범, 리더십의 성장

성장기의 기업문화를 지키기 위해서는 지도자의 솔선수범이 무엇보다 중요하다. 하지만 훌륭한 지도자는 하루아침에 만들어지지 않는다. 철저한 자기관리와 사명감을 바탕으로 오랜 기간 관련분야에서 경험을 쌓고, 부단한 노력을 해야만 전문적인 식견이 쌓이고 이것이 잠재적인 위기관리능력을 갖춘 지도자로 성장하는 바탕이 된다.

지도자는 미래에 대한 비전을 제시하고 목표를 달성하기 위해 우선순위를 결정할 수 있어야 한다. 지도자가 실력이 있어야 자신감을 가질 수 있고 부하직원들도 신뢰하고 따를 수 있다.

한편 성공한 지도자라면 누구나 자신의 비전이 이어지기를 원한다. 그리고 이 비전은 지도자에게서 지도자에게로 전수된다. 그러므로 새로운 지도자를 선발했다면 그에게 전권을 위임하고 그를 신뢰해야 한다.

### 함께하기, 리더십의 완성

미국의 예술단체 전문경영자 하비 세이프터가 공저한 「리더십 앙상블」에 보면 팀파워는 조직의 목표를 달성하기 위해 자신의 기술과 경험을 아낌없이 투자하는 다양한 그룹의 사람들을 하나로 묶는 데서 비롯된다고 말한다. 신성한 팀워크는 직원들로 하여금 회사의 혁신과 성공에 대해 책임을 지게 만든다. 아울러 다양한 개인들로 구성된 팀에 결정을 내리고 아이디어를 실행할 수 있는 실질적인 권한을 부여할 경우 직원들의 열의와 기술 수준을 증폭할 수 있다고 설명한다.

1987년 더글러스 마이어스가 샌디에이고 동물원San Diego Zoo의 원장으로 취임하면서 동물원 경영에 팀제를 도입한 것도 좋은 혁신사례다. 샌디에이고 동물원은 프로젝트 팀을 만들어 동물원의 각 구역을 관리하게 했는데 시설 보수에서 동식물 관리에 이르기까지 해당 구역에서 발생하는 모든 문제는 각각의 팀이 책임을 지며 팀마다 양육사, 동물관리사, 원예사, 구조 관리자를 비롯해 전문 지식을 갖춘 직원들을 배치했다. 대개 12명에서 15명을 넘지 않는 이들 팀은 스스로 예산을 집행할 뿐만 아니라 예산의 쓰임새에 대해서도 전적으로 책임을 진다.

샌디에이고 동물원의 수평적 팀은 고도의 융통성과 책임 공유를 통해 팀워크의 이점을 극대화하고 있다. 어떤 업무를 언제, 어떻게, 누가 처리해야 할지를 결정하는 것도 팀원들이다. 팀원들은 자신의 전문 분야나 업무 영역에 국한되지 않고 자신을 필요로 하는 곳이면 어디든 달려간다.

## 인맥 만들기

사람들은 아는 사람과 인맥의 차이점을 잘 알지 못한다. 같은 학교를 나오고, 고향이 같으며, 같은 회사를 다닌다는 것만으로 그 사람이 나의 인맥이라고 생각한다. 하지만 진정한 인맥은 사회적 지위나 관계를 중심으로 형성되지 않는다.

그것은 오로지 상호간의 깊이 있는 이해와 배려가 선행되어야 한다. 그것이 진짜 인맥이다. 우리가 진짜 인맥으로 착각하는 보통의 경우가 그저 '아는 사이'다. 하지만 '아는 사이'는 만일 나에게 무슨 문제가 생겼을 때 아무런 도움이 되지 않는다.

적어도 친구 사이나 더 나아가 동반자적 관계가 되어야 살면서 서로 도움이 된다. 우리가 이런 진짜 인맥의 경계선을 명확히 해야 하는 이유는 일상적으로 많은 시간을 그냥 아는 사이와의 유대를 위해 보내고 있기 때문이다. 그래서 그냥 아는 사이와의 교류에 집중하느니 차라리 자기 계발에 시간을 쏟는 것이 나으며, 진짜 인맥에 더욱 성의를 보여야 한다.

동반자 관계는 혈연이나 학연 등으로 시작하였다 하더라도 현재 인생에 대한 이상을 함께하는 사람을 의미한다. 마치 가족의 일처럼 나에게 무슨 문제가 생겼을 때 진짜 도와줄 수 있는 사람이 그들이다.

똑같은 밥 한 끼라도 어떤 사람에게 사주는 것은 아깝다는 생각이 드는 반면에 어떤 사람에게는 더 큰 것을 주어도 아깝지 않다는 생각이 든 경험을 모두들 했을 것이다. 이렇게 내가 먼저 줄 수 있는 사람은 아마 그 사람도 내게 비슷한 태도를 보여 주었기 때문이다. 그렇게 관계를 형성하면 나중에 서로 도움을 주고받는 사이가 될 수 있다.

그렇다면 아는 사이를 어떻게 동반자 관계로 발전시킬 수 있을까? 몇 가지 간단한 원칙만 지키면 오히려 쉽다.

먼저 동반자 관계가 형성되려면 세계관에 있어서 공감대가 있어야 한다. 세계관이라고 말해서 거창하게 들릴지는 모르겠지만 생각의 지향점이 같다는 것이다. 그렇다고 그것이 정치적 지향점이나 종교적 공통점을 의미하는 것은 아니다. 오히려 그런 면에서는 상이하더라도 세상과 사물을 대하는 태도가 일치한다면 동반자 관계가 될 수 있다.

중요한 것은 서로 기본적인 약속을 지켜야 한다. 아무리 친한 사이일지라도 약속을 했다면 반드시 지켜야 하고, 만일 그것을 지키지 못할 사정이 생긴다면 그 즉시 충분한 양해를 구해야 한다.

파트너란 서로에게 먼저 주고 베푸는 사이다. 크건 작건 내가 먼저 주고 싶은 사람이어야 한다. 우리에게 파트너가 생기면 우리는 본능적으로 그렇게 하고 싶어진다.

# 꿈은 우리에게 경제적 자유를 선물한다

**Aristotle**

희망은 잠자고 있지 않는 인간의 꿈이다.
인간의 꿈이 있는 한 이 세상은 도전해 볼만하다.

    예전에는 주변 사람들이 나를 귀찮아할 정도로 무엇인가 물어보면 대답을 꼭 해주고 가르쳐주고 일러주기를 사명처럼 여겼다. 그런데 어느 순간 '다른 사람이 모르는 것을 깨우치게 한다.' 는 것이 매우 힘든 일이라는 사실을 깨닫기 시작했다.
    왜냐하면 사람들은 자신이 경험하지 않은 것은 아무리 얘기해도 수긍하기가 힘들기 때문이다.
    그것을 깨닫고 나서 나의 성격도 좀 더 부드러워졌다. 예전에는 옳다고 생각되는 것이 있으면 무엇이든 강력히 주장하는 편이었다. 그런데 이제 경륜이 좀 쌓였다고 해야 하나. '멀리 가려면 함께 가라.' 는 말의 의미를 조금씩 깨닫고 있다.

## 꿈의 사회가 기다리고 있다

우리는 스스로 지치지 않기 위해서라도 자신만의 재능을 발견하는데 게으름을 피워서는 안 된다. 성공한 많은 사람들은 자신의 재능을 찾기 위해 끊임없는 노력을 했다. 그들은 정규 교육과정에서 이탈하기도 하고, 다양한 분야에서 자신의 능력을 시험하기 위해 실패라는 대가를 치르기도 한다.

그러므로 스스로의 재능을 찾는데 늦었다는 말은 변명에 불과하다. 물론 남들보다 늦게 또 다른 새로운 출발을 한다는 것은 두려운 일이다. 하지만 뒤늦게 자신의 재능을 찾아서 세계적인 업적을 남긴 사람 또한 너무도 많다. 재능이란 창의력과 문제해결능력, 학습능력, 추진력, 판단력, 용기 등 다양한 모습으로 우리에게 다가온다. 즉, 모든 능력을 학교에서 배우고 평가받는 것은 아니다.

앞으로는 꿈의 사회가 다가온다고 한다. 어쩌면 꿈을 파는 사회, 꿈의 사회는 이미 시작된 것인지도 모른다. 세계적인 미래학자인 앨빈 토플러에 따르면 지난 2백년간의 산업사회가 마감되고, 이십세기 중반부터 제3의 물결인 정보화 사회가 도래했다고 한다.

정보화 사회는 지식이 가장 중요한 생산요소가 되는 사회로, 이를 통해 민주주의가 확산되고 권력이 분산되었다. 또 세계경제의 상호의존성이 높아지면서 세계 지식경제가 전개되었다.

하지만, 앨빈 토플러가 예측한 정보화 사회도 그리 오래 가지는 못할 거라는 예측이 있다. 이유는 지식의 양이 폭발적으로 늘어나면서 지식의 소멸주기가 빨라졌기 때문이다.

  2020년이 되면 지식의 양은 73일을 주기로 2배씩 늘어날 것으로 전망된다. 1960년까지 지식의 양이 2배로 늘어나는데 걸린 시간이 10년이었던 점을 감안하면 그야말로 엄청난 속도로 지식의 양이 늘어나는 사회가 다가오고 있는 것이다.

  덴마크의 롤프 옌센 미래학연구소장은 정보화 사회가 끝나면 꿈과 감성을 파는 사회, 즉 꿈의 사회 Dream Society가 찾아온다고 예측했다. 이러한 사회는 문화와 이미지, 스토리와 꿈을 파는 시대이기 때문에 창의력이 더욱 중요시되고, 독특한 발상은 곧 부로 연결된다고 한다.

  이제 창의력이 높은 사람이 돈을 많이 버는 세상으로 바뀌게 된다. 꿈의 사회에서는 교육 역시 창의성과 문화를 중요시하는 방향으로 바뀐다. 산업화 시대가 지나고 드림 소사이어티가 도래하면 학습사회가 펼쳐진다.

  과거 고도성장을 이끌었던 노동·자본 투입형 성장패러다임은 한계에 부딪혔다. 학습사회는 갈수록 가속도가 붙는 세계화·정보화, 새롭게 등장한 저출산·고령화, 양극화 등의 문제를 극복할 대안으로 제시되고 있다.

  이제는 생산성 향상을 위한 혁신주도형 성장 패러다임으로의 전환이 시급한 과제로 대두되면서 지식정보와 과학기술의 생애주기 Life Cycle가 급속히 짧아진다. 끊임없이 학습하지 않으면 생존 자체를 위협받게 된다.

  평생학습 Lifelong Learning의 시대, 지식과 정보의 양이 급속히 늘어남에 따라 학교를 졸업한 뒤에도 끊임없이 자신의 지식과 정보를 업그레이드해야 하는 시대인 것이다.

## 스스로 잘 할 수 있는 일에 주목하라

내가 사회에서 만나본 성공한 사람들은 자신이 잘 할 수 있는 일에 대한 재능을 발견하는 것이 중요하다고 말한다.

그들은 자신의 적성과 능력을 고려해 진로를 결정했고, 진로의 변경이 필요하다고 판단했을 때에는 과감히 수정궤도에 자신을 올려놓았다. 그리고 그것을 이루기 위해 부단한 노력을 했다고 말한다.

세계적인 부자들은 일찍이 자신의 꿈이 제시하는 방향에 따라 사업을 펼쳤다. 빌게이츠는 1975년 이미 PC의 미래를 예견하고 있었다.

그는 '모든 책상과 가정에 PC를' 이라는 자신의 꿈을 사업적 비전으로 제시하고 이를 실행에 옮긴 사람이다. 이렇듯 꿈은 사업에 있어 가장 중요한 핵심가치를 만들어 낸다.

프랑스의 작가 베르나르 베르베르는 내가 아버지로부터 배운 것은 자유롭게 사는 방법이라고 말하며 '자유롭게 사는 것'을 꿈의 원동력으로 삼고 그것을 바탕으로 문학적 상상력을 키워갔다.

애플의 CEO 스티븐잡스는 그의 책 「아이콘」에서 사생아로 태어나 양부모 밑에서 자란 과거를 이야기한다. 그리고 어려서부터 자신의 마음속에 담아 두었던 자신의 힘으로 우주를 변화시키겠다는 거대한 꿈에 대해 말한다.

서른 살에 함께 일하던 사업 파트너들에게 쫓겨나 지금의 화려한 귀환을 할 때까지 그가 이룬 모든 것은 가슴속에 불가능한 꿈을 가졌기 때문이라고 말한다.

이렇듯 꿈은 내가 세상에서 가장 잘 할 수 있는 일을 발견하게 해 준다. 그것은 나에게 가장 잘 어울리는 직업을 선택하게 해주고, 나에게 경제적 자유를 선물한다.

**CHAPTER6**

# 누군가를 위해
# 나무를 심어라

**Faith Popcorn**
우리는 내면의 새로운 이름을 찾아야 한다.
현재의 이름이나 어쩔 수 없이
하고 있는 일에 순응하고 살아야 한다고 믿어서는 안 된다.

2000년 5월 어느 날, 대학동기이며 가장 친한 친구 중 하나에게서 전화를 받고 '구로'가 아닌 '강남' 어느 사무실로 향하였다. 그의 직장은 '구로'에 있었는데 갑자기 왜 엉뚱한 곳에서 만나자고 하였는지 궁금했다.

친구가 알려준 건물은 유명한 큰 사거리에서 불과 30m 즈음 떨어져 있은 지라 그가 알려준 주소를 손쉽게 찾을 수 있었다. 건물의 외관은 조금 낡아 보였으나, 사무실에 들어서자 개업을 축하하는 화분들이 즐비하여 화려함을 자랑하고 있었고, 새 책상들로 깔끔이 정돈된 모습은 흡사 사열하고 있는 병사들을 방불케 했다.

사무실 근처의 식당에서 점심을 하게 되면서 어찌 된 일인지 알게 되었다. 그가 근무하였던 회사가 부도 직전까지 이르자, 그를 신뢰해 온 해외 고객들과 국내 협력업체들이 그를 부추키어 회사를 직접 운영하게 만들었다는 것이다.

그는 사업을 먼저 시작한 나에게 선배로서 조언을 구하고 싶다고 했다. 사장 7년 차였지만, 그동안 이루어 놓은 것도 빈약하고 IMF체제라 나 역시 하루하루가 힘들었기에 별로 해줄 말이 없이 '개업축하' 인사만 거듭했다.

그후 우리는 잦은 통화와 술자리로 새로운 미래의 설계와 대학시절의 우정을 재확인하곤 했다. 그러던 어느 날 퇴근 무렵 그에게서 전화가 걸려와 만나기로 했다. 여느 때와는 달리, 우리 둘만이 독대를 할 수 있는 방에서 나를 기다리고 있었다. 그의 태도에는 엄숙함마저 감돌아 겸연쩍게 자리에 앉았다.

20년 이상을 만나왔지만 그런 모습은 처음이라 조금 긴장이 되었다. 몇 순배가 돌고 난 후, 그는 내게 뜻밖의 사과를 했다. 그동안 친한 친구로서 나를 제대로 이해하지 못해서 미안하다는 것이었다. 나는 무척 당황하여 양손을 그쪽으로 뻗어 내 저으면서 사과를 극구 사양하였다. 진지한 그의 마음에 우리는 다시 한 번 굳은 악수를 하면서 앞으로도 이 우정 변치 않기로 맹석금약을 하였다.

중소기업을 약 5개월 운영해 본 그는, 내부 인사관리, 국내외 거래처 관리, 금융권 및 여타 제도권 관리와 관계유지가 대기업에 근무했던 시절에 상상했던 것과 너무나 다르다는 것을 깨우친 듯 했다.

이후 중국의 대 추격으로 더 이상 사업을 유지할 수 없다고 판단한 그는 사업체를 정리하고 새로운 사업을 시작했다. 그 당시에도 거래 관계에 있던 주위 분들께 피해를 주지 않은 점들은 그의 타고난 천성, 가정

교육 및 학교에서 배운 교육, 그리고 골프에서 배운 것들이 크게 작용했을 거라고 생각한다.

지금도 함께 운동을 하며 자웅을 가릴 때마다, 우리는 서로가 서로에게 인생보험을 들었기에 두려울 것이 없이 든든하다며 자신 있는 웃음 짓는다. 우리가 맺은 금석맹약을 되새기며…….

### 우정의 업데이트

친한 사이에는 격식이 필요 없다고 생각하는 사람들이 많다. 하지만 친구가 요즘 하고 있는 일이나 관심사를 잘 모르기 때문에 그저 옛날 기억을 들춰내어 술자리에서 나누던 기억이 있지는 않은가?

만약 오래된 친구와 내가 서로가 하는 일에 대해 잘 알고 있고, 그것에 실질적인 도움과 조언도 할 수 있는 사이라면 그 어떤 인맥보다 내게 큰 힘이 되어 줄 것이다.

그래서 우정도 업데이트가 필요하다.

친구 사이는 서로에 대한 신뢰가 밑바탕에 깔려 있기 때문에 비즈니스 관계처럼 격식을 차릴 필요는 없다. 다만 가끔씩 주기적으로 전화를 하면서 나의 근황과 고민을 얘기하고, 문자메시지로 서로의 안부를 묻는 정도면 충분하다. 이렇게 주기적으로 서로의 근황을 주고받는 사이라면 직접 만나거나 어떤 부탁을 할 일이 생겨도 훨씬 더 자연스럽지 않을까?

좀 더 성의가 있다면 가끔 친구와 점심을 먹거나 간단한 선물을 준비해 보는 것도 좋을 듯하다. 무엇인가 나눈다는 것은 그 사람을 위한 것이 아니라 어쩌면 스스로에게 더욱 대견한 기분이 들게 되어 당신의 일상을 활기차게 만들어준다.

우리가 삶을 살아가는데 진심어린 친구의 충고만큼 값진 것은 없다. 그것을 통해 삶의 중요한 오류들을 수정해 갈 수 있기 때문이다. 하지만 이러한 친구간의 허물없는 충고 역시 평소에 지속적인 관계가 있어야 가능한 일이다. 그래서 우정의 업데이트는 더욱 중요하다.

### 나눔과 기회의 미학

내가 아닌 우리를 생각하는 마음이나, 내가 가진 것을 남과 함께하는 나눔의 미학은 우리 사회를 지탱하는 두 바퀴의 수레와 같다. 기업들도 이런 공동체정신을 브랜드마케팅 요소로 도입해 활용하는 추세다.

직접적인 제품을 홍보하는 것보다 이렇게 기업의 이미지를 높이는 활동의 비중이 과거에 비해 점점 커지고 있다.

또한 과거 기업의 사회공헌이 기업이 사회를 통해 일군 부富를 활용해 다시 사회로 환원한다는 시혜적 개념施惠的 槪念이었다면 지금은 기업의 사회적 책임CSR: Company Social Responsibility라고 하여 기업이 부富를 이룬 근원인 사회에 대해 당연히 사회적 책임을 가져야 한다는 의무적 개념으로 바뀌고 있다.

그래서 공익적인 일자리도 창출하면서 기업이윤도 추구하는 사회적 기업이 많아지고 있다.

내가 지금까지 사회공헌과 사회적 기업에 대해 이야기한 것은 우리라는 개념 자체에 기회와 도전의 시장이 형성되고 있다는 것을 말하고 싶어서다.

유대인의 바이블Bible「탈무드」를 보면 미래 세대를 위해 묘목을 심는 노인의 일화가 나온다.

옛날에 한 노인이 묘목을 심고 있었다.

그런데 지나가던 나그네가 그 모습을 보고 노인에게 물었다.

"노인께서는 언제쯤 그 나무의 열매가 열릴 것이라고 생각하십니까?"

"한 70년쯤 지나면 열리겠지요."

"외람된 말씀이지만 노인께서는 그때까지 살 수 있을까요?"

그 말에 노인이 대답했다.

"물론 그때까지야 살 수 없겠지요. 하지만 내가 태어났을 때 우리 과수원에는 과일이 많이 열려 있었소. 그것은 내가 태어나기 훨씬 전에 나의 할아버지께서 나를 위해 심어 주신거지요. 나도 그와 똑같은 일을 하고 있을 뿐입니다."

이 노인의 실천처럼 내가 아닌 우리를 위한 실천, 그것은 스스로도 무엇인가 가치 있는 일을 하고 있다는 자부심을 줄 뿐만 아니라 시장에서 우리의 브랜드를 만들어가는 데도 효과적이다.

# CHAPTER 7

# 칭찬은
# 고래도 춤추게 한다

**Warren Buffett**
나는 사람들을 고용할 때 세 가지를 본다. 성실성, 지능, 열정이다. 하지만 성실성이 없으면 나머지 두 가지가 당신을 망칠 것이다.

내가 처음 유럽을 갔던 1989년 즈음은 영국의 대처리즘Thatcherism이 유행하던 시기였다. 대처리즘은 영국 경제를 되살리려던 마가렛 대처Margaret Thatcher 총리의 사회·경제정책을 포괄하는 단어다.
1970년대 영국은 지나친 사회복지와 꾸준한 임금 상승, 생산성 저하로 경제가 침체되었는데 당시 유럽에서는 이런 현상을 영국병病이라 비아냥댔을 만큼 영국 경제는 악화됐고, 급기야 1976년 국제통화기금IMF의 금융 지원을 받는 상황에까지 내몰리게 되었다.
1979년 총선거에서 보수당의 승리로 집권한 대처 총리는 노동당 정부가 펼쳐왔던 산업 국유화와 복지정책을 포기하고 민간의 자율적인 경제

활동을 중시하는 정책을 펼쳤는데 재정 지출 삭감, 공기업 민영화, 규제 완화와 경쟁 촉진 같은 정책으로 공공 부문 개혁을 단행했고 이는 영국이 저비용·고효율 경제구조로 전환되는 계기가 되었다.

작가님이 직접 경험한 것 같은데, 당시란 언제인가요? 언급해 주셔야 할 것 같아요. ↓

이런 사회 분위기 때문이었을까? 유럽 사람들은 당시 아침에 출근을 하면서 출근부에 사인을 하고, 출근부 사인을 기준으로 정확히 하루 8시간 근로를 지켰다. 놀라운 것은 근무시간 중에 동료와 수다를 떠는 시간까지 체크해 근무시간에서 빼고 그것도 자율적으로 퇴근을 했다.

이런 유럽 사람들의 모습을 보면서 '이곳은 나랑 참 잘 맞겠다.'는 생각을 했다. 이는 평소 무엇이든 정확한 것을 좋아하는 습관 때문이었다.

한편 우리나라의 기업문화는 과장 정도면 아주 높은 자리였고, 부장으로 승진하면 결재나 하고 회의나 들어가는 상당히 권위적인 모습이 태반이었다. 물론 유럽도 상사가 부하직원을 불렀을 때 즉시 대답을 하며 다가오는 것은 우리나라와 비슷했다.

그런데 상사와 대화를 나누는 자세는 우리나라와 확연히 달랐다. 영화에서 본 것처럼 다리를 떨거나, 손을 주머니에 넣거나, 팔짱을 끼는 등 아주 자연스럽고 편하게 얘기를 하는 거였다. 그러다 상사의 명령이 떨어지면 "Yes, sir." 하고 대답하며 자신의 자리로 돌아와 지시받은 대로 일을 했다.

우리나라의 경우 상사가 부르면, 신고 있던 슬리퍼를 신발로 바꿔 신어야 하고, 넥타이가 삐뚤어져 있지는 않은가 살펴봐야 하고, 지나치게 격식을 중시하는 경향이 있다. 반면 상사의 면전에서는 "알겠습니다. 하고, 돌아서는 순간 투덜거리는 경우를 어렵지 않게 본다.

유럽은 정확한 업무 매뉴얼이 있다 보니 자신이 결정하지 못할 사안은 그 자리에서 정확히 "이 건은 월권越權입니다." 라고 말하거나 "다시 한 번 정확히 확인하고 답변 드리겠습니다." 라고 답한다. 하지만 한국의 업무 담당자와 얘기하다보면 처음에는 무조건 다 되는 것처럼 얘기를 하다 나중에 처음 말한 것과 다른 결론이 나더라도 자신은 책임이 없다며 발뺌하기 일쑤다.

## 기술자형 CEO와 경영자형 CEO

회사의 최고 경영자CEO는 보통 기술자형과 경영자형으로 구분된다. 기술자형 리더는 스스로 연구개발에 힘쓰는 경우를 말하고 경영자형 리더는 사신의 능력발휘를 조직의 조율에서 찾는 경우인데, 또 다른 기준은 조직을 다루는 용병술에서도 차이가 있다.

경영자형 리더는 어떤 문제에 대해 충고를 하는 대신 상대방에게 질문을 던진다. 그리고 충고하기 전 우선 칭찬을 한다. 그러면 칭찬을 받은 상대가 자신의 결점에 대해 먼저 얘기하는 경우가 많다. 또 충고를 할 때도 주관적인 감정은 모두 배제하고, 객관적인 자료나 상황만을 얘기한다.

## 칭찬은 고래도 춤추게 한다

일본의 심리 상담가 우에니시 아키라植西聰가 쓴「부자들의 나침반을 훔쳐라」에도 '사람은 누구나 칭찬받고 싶어한다' 는 얘기가 나온다.

컨설턴트인 머피는 텍사스에 있는 한 레스토랑의 지점장으로부터 이런 상담을 받았다.

"몇 번씩이나 주의를 주었는데도 점원들의 태도가 거칠어서 손님들이 갈수록 줄어들고 있습니다. 그 때문에 매상이 계속 떨어지고 있지요. 이 상태가 지속되면 저는 해고당할지도 모릅니다. 머피 박사님, 제가 어떻게 해야 되겠습니까?"

지점장의 고민을 들은 머피는 이렇게 되물었다.

"점원들의 태도가 거칠다고 말씀하셨는데, 혹시 당신 역시 점원들을 거칠게 대하고 있지는 않습니까?"

지점장이 그런 것 같다고 고개를 끄덕이자, 머피는 다음과 같이 조언했다.

"이 세상의 인간관계는 거울 같은 것입니다. 그게 법칙이지요. 당신이 점원들을 거친 태도로 대하는 한, 점원들의 거친 태도는 개선되지 않을 것입니다. 점원들의 거친 태도를 한탄하기 전에 당신 자신의 거친 태도를 반성하십시오. 그리고 앞으로는 점원들을 부드럽고 상냥한 말투로 대하고 자주 칭찬을 해주도록 하십시오. 그렇게 하면 상황은 반드시 개선될 것입니다."

그 후 지점장은 머피의 조언을 받아들여 점원들을 가능하면 부드럽게 대하려고 노력했다. 그리고 기회가 있을 때마다 칭찬을 아끼지 않았다.

"안녕, 루시! 헤어스타일이 바뀌었는데! 그 옷도 잘 어울려. 역시 루시의 패션 감각은 알아줘야 한다니까."

그러자 어떻게 되었을까?

한 달도 채 지나지 않아 점원들의 거친 태도가 거짓말처럼 바뀌었고 내리막길로만 달리던 매상이 바로 회복되었다. 뿐만 아니라 3년 후에는 텍사스 지역에서 최고의 매상을 올리는 레스토랑으로 성장하였다.

### 비난을 하지 말고 비판하라

비난과 비판은 구분되는 것이다.

비난은 대안 없이 현재의 상황을 현상적으로 접근하는 것이라면 비판은 스스로 상대의 입장이 되어 대안을 함께 고민하는 것이다.

예를 들어 비난이 "자네는 왜 이렇게 오타가 많아. 빨리 끝내면 뭐 하나, 정확하지 않은데." 와 같은 표현이라면, 비판은 "자네는 워드프로세서 조작이 정말 능숙해. 엄청나게 빠르단 말이야. 오타만 없다면 더할 나위 없이 완벽할 텐데 말이야" 처럼 70%를 칭찬하고 30%를 꾸짖는 식으로 비율을 조절하는 것이다.

얼핏 보면 비슷한 말인 것 같지만 상대의 행동변화를 가져올 말이 어떤 것인지 생각해 본다면 비판과 비난의 차이가 얼마나 큰지 이해할 수 있다.

# CHAPTER 8

# 행운은 계획과 기회가 만나는 시점이다

G. B. Shaw

He who can, does,
He who cannot, teaches.

봄이 문턱을 지나 방안으로 들어온 5월의 어느 날. 태국에서 한 통의 이메일을 받았다. 메일을 내게만 보낸 것은 아님을 참조 란에 있는 동남아의 눈에 익은 이름들이 증명해주었다. 마치 가뭄에 단비를 만난 듯 그들의 이름이 무척이나 반가웠다.

그들을 가장 최근에 만난 때가 중국 상해에서 유럽 친구들과의 회의 때였으니 9개월 만에 그들을 볼 수 있는 기회였다.

나는 망설임 없이 즉시 방콕에서 개최되는 모임에 참석하겠다는 답장을 보냈다. '이번에는 또 어떤 일들이 우리를 반겨줄까?' 하는 설렘 속에서 말이다.

1994년 홍콩, 대만, 태국의 친구들과 나는 공동의 회사이름을 사용하면서 선하증권도 함께 발행하고 선사들과 FS GROUP이라는 이름으로 계약을 맺자고 결의를 했다. 그런 맹세를 서로 나누고 일을 시작한지도 벌써 19년이 흘렀다. 이후 유럽과 미주지역의 중견 포워더(Forwarder)들과 하나의 이름으로 계약을 맺어가면서 아시아 각국의 포워더들을 계속해서 규합해 갔다.

해마다 회원사들이 있는 각국에서 회의가 열려왔는데, 회원들의 호응은 뜨거웠고, 우리의 친밀도는 더욱 더 무르익게 되었다.

가장 기억에 남는 모임 중의 하나는 2002년 전 세계를 열광의 도가니로 만들었던 '한일 월드컵' 때다. 한국이 유럽의 강호를 맞아 기적 같은 승리를 계속하고 있을 때, 그 형제들은 내게 붉은 악마 티셔츠를 보내달라고 아우성이었다. 월드컵 축제가 다 끝난 시점에도 우리의 축제는 서울에서 계속 이어졌다.

주요 회원국인 홍콩과 대만, 태국의 형제들이 한국으로 몰려와 한국의 4강 위업 달성을 마치 자신들의 일인 양 즐거워했다. 우리는 "대~한민국~"을 밤새 외치며 축배를 들며 하나가 되었다.

출장의 시작은 태국 방콕행 비행기에 몸을 싣는 것으로 시작되었다. 약 5시간의 비행을 거쳐 밤 10시가 넘어서야 방콕의 호텔에 도착했다. 호텔 유리문에서 프론트 데스크까지는 불과 20m에 불과했지만 체크 인 하기까지는 20분 이상이나 걸렸다. 내가 제일 늦게 도착한 것이다.

그들은 이미 저녁을 먹고 호텔 로비에서 나를 기다리고 있었다. 우리는 악수를 하고 포옹하며 그동안의 안부를 물었다. 또한 그들은 처음 보는 사람들에게로 이리저리 나를 끌고 다니며 유쾌한 얼굴로 소개해 주었다. 막 방콕에 도착한 나를 보고 그들은 허리를 굽혀 인사를 하면서도 얼굴에 묘한 웃음을 짓고 있었는데, 그러한 데는 다 이유가 있었다.

나중에 알고 보니 그들 사이에서 불리는 나의 별명 때문이었다. 처음 만났을 때부터 대한민국의 국민 술, 폭탄주를 밤마다 제조해 주었더니 붙여진 별명 'Mr. Bomb'와 회의 때보다는 이후에 이어지는 연회자리에서 항상 사회를 보며 잘 리드한다고 해서 붙여진 별명 '큰 형님(大哥)'이 바로 그것이다.

현재 '우영'은 CTN Cargo Tracking Note 을 한국에서 공식적으로 발급하는 업체다. 아프리카의 동맹국끼리 자국으로 수입되는 물품을 통제하고 밀수입을 방지하기 위해 만든 'CTN'은 아프리카 동맹국으로 수출하는 국가에서 절대적으로 필요한 서류중 하나다. 이 서류가 없으면 동맹국으로 수입된 화물의 통관이 불가능하기 때문이다. 큰 노력 없이 꾸준한 이익을 창출하는 사업이라 많은 물류기업들이 공식 업체로 지정받으려 노력한다. 그런데 두 개의 별명을 붙여준 그들이, 고맙게도 나를 도와 '우영'을 공식 발급업체로 만들어 주었다.

## 행운은 계획과 기회가 만나는 시점이다

사람들은 어떤 일들이 운명적으로 일어난다고 생각을 한다. 그래서 좋은 일이 생기려면 운이 따라야 한다는 말도 한다. 반면 자신에게 일어난 불행한 일에 대해서도 운이 따라주지 않았다는 변명을 늘어놓는다. 물론 살다보면 정말로 우리의 의지와는 무관하게 곤란한 상황에 놓이는 경우도 있다. 하지만 대부분 운이라는 것은 우리 스스로에게 달려있는 경우가 많다. 나 역시 동남아의 형제들과 20여 년 전 형제의 맹세를 하고, FS GROUP이라는 이름을 함께 지켜오다 보니 혼자라면 절대 할 수 없었을 큰 일도 맡게 되었다. 그런 의미에서 행운이란 계획과 기회가 만

나는 시점이라 할 수 있다.

좀 더 엄밀히 말하면 운이 없다는 것은 계획성이 없거나 판단력이 부족해서 일어나는 것이라고 말할 수도 있다. 행운은 스스로 만들어 가야 한다는 냉정한 사실을 인정하는 것이 우리의 삶을 바꾸는 시작이 될 수 있다. 이 사실을 인정하고 나면 매일 우리를 찾아오는 행운을 다시 보게 될 것이다.

행운이 찾아오기까지는 인내심이 필요하다.

인내심은 행운이 시간의 산물임을 아는 것이다. 그렇다고 때가 되어야 행운이 찾아온다는 말은 아니다. 때를 기다리며 끊임없이 준비하는 것이 중요하다.

**CHAPTER 9**

# 어린 시절
# 우리는 멋진
# 꿈을 꾸었다

**Albert Camus**

미래를 향한 진정한 관용은
현재 존재하는 것에 모든 것을 바치는 것이다.

어린 시절 우리는 멋진 꿈을 꾸었다.
우리의 어린 시절, 마음껏 상상하고 그렸던 그 꿈을 떠올리자!
꿈은 우리의 위대한 에너지와 노력을 담는 그릇이다. 세상은 위대한 꿈을 가진 사람들을 필요로 한다. 친구와 가족, 사랑하는 이들은 우리가 위대한 꿈을 갖기를 기대한다. 우리가 마음속에 목표를 세운다면 그것을 주변에 알려야 한다. 만약 우리가 세운 목표를 주위에 알리지 않는다면 그것은 시간이 지남에 따라 까맣게 잊어지게 된다. 반면 꿈은 우리가 관심을 보이기 시작하면 하루하루 되살아나고 얼마 뒤 우리를 위로하고 격려하는 가장 힘 있는 친구가 된다.

### 간절히 바라면 현실로 이루어진다

교육학 이론에 피그말리온 효과라는 것이 있다. 그리스 신화에 나오는 조각가 피그말리온의 이름에서 유래된 피그말리온 효과(자성예언自醒像言)는 강한 바람과 긍정적인 기대를 마음 속에 품고, 계속해서 떠올리면 그런 바람이 현실로 성취된다는 이론이다.

어느 날 아름다운 여인상 하나를 조각한 피그말리온은 자신이 조각한 그 여인상을 진심으로 사랑하게 되는데 이 모습을 보고 감동한 아프로디테는 여인상에게 생명을 주어 이름을 갈라테이아라고 부른다.

피그말리온은 인간이 된 여인상 갈라테이아를 아내로 맞아 행복한 삶을 살게 된다는 긍정적 기대에 관한 이야기다.

사람의 눈은 대부분이 희고, 검은 부분은 작다.

하지만 사람은 그 희고 밝은 부분을 통해 보는 것이 아니라 검고 어두운 부분을 통해 본다.

별은 낮에도 틀림없이 하늘에 있다. 하지만 어두워지지 않으면 별은 빛나지 않는다.

### 우리 모두는 꿈이 있다

우리 모두는 꿈을 가지고 있다.

우리는 남다른 특별한 재능을 가지고 있고, 성공해서 행복하게 살 수 있다는 믿음을 가지고 살아간다. 나아가 다른 사람에게 긍정적인 영향을 미쳐 좀 더 나은 세상이 만들어지기를 희망한다.

나 역시 돌이켜 보면 가치 있는 삶에 대한 스스로의 비전을 잃지 않으려고 많은 노력을 했다. 그래서 때론 어려운 길도 마다하지 않았다. 남들이 가지 않은 길을 가려 했고, 남들이 불가능하다고 포기한 것을 하려 했다. 그리고 지금 와 생각해보면 그것은 내 꿈이 이끄는 대로 살려고 노력한 몸부림이었다.

### 비전은 꿈이 아니라 다가올 현실이다

비전은 꿈이 아니라 다가올 현실이다.
그러기에 중요한 것은 비전이 얼마나 올바른 것인가에 있다. 우리 기성세대들은 다음 세대까지 공감할 수 있는 비전을 세우고, 그것을 위해 나를 희생해 주춧돌을 놓아야 한다. 많은 리더들이 비판을 받는 이유는 자신의 세대에서 모든 것을 마무리하겠다는 과욕을 부리기 때문이다. 하지만 계승되는 비전이야말로 진정한 비전이며 가치가 있지 않는가?
결과를 책임지겠다는 마음만 먹는다면 우리는 원하는 것을 무엇이든 할 수 있다. 이때 우리를 막아 설 수 있는 사람은 오직 자신뿐이다. 그러므로 가장 먼저 우리의 마음을 정복해야 한다.
만약 어떤 한계에 부딪혀 좌절하게 된다면 과거에는 불가능하게만 보였지만, 인내와 열정으로 그것을 성취해 낸 승리의 순간을 떠올리자. 그때가 언제였으며, 그것은 무엇이었는지 생생히 떠올려야 한다.
우리는 이미 불가능하게만 보였던 일을 이루어낸 승리의 경험이 있지 않은가? 그러니 이제 우리가 다시 시작할 때다. 다시 시작하기만 한다면 우리는 반드시 승리할 것이다.
실패를 딛고 일어서기 위해서는 자기애自己愛가 중요하다. 자신감을 잃은 행동의 이면에는 알게 모르게 다른 사람과 나를 비교하는 습관이 숨어 있다.

끊임없이 타인과 비교하기보다는 내가 가장 잘 할 수 있는 재능이 반드시 나의 내면에 숨겨져 있다는 사실을 굳게 믿는 것이 출발이다. 그리고 그 재능은 사회에도 긍정적인 역할을 할 것이며, 나아가 그 재능으로 인해 성공할 것이라는 사실을 믿는 것이다.

스스로를 사랑하기 위해서는 다른 사람을 위해 조금 손해 보는 마음을 가져야 한다. 조건 없이 주는 것을 배우는 것이다. 그러면 반드시 그러한 좋은 마음이 부메랑이 되어 우리에게 좋은 결과로 돌아온다.